긱 레볼루션

포스트 코로나 시대 가장 뜨거운 경제 이슈

긱 레볼루션

저자 김승래, 이용갑

추천의 글

CHAN HENG FAI (陳 恒 輝)
FINANCIAL ARCHITECT
RESTRUCTURING EXPERT

"세상의 젊은이들이여,
문제에 봉착하면 해결할 수 있는 기회가 생겼다고 기뻐하라,
잔은 비어 있을 때가 채울 수 있는 부분이 가장 많다고 생각하라.
그래야만 기회가 생긴다."

인간의 역사와 함께 했던 '생계'를 '일'에 의존하는 시스템은 점점 깨지고 있다. 긱 이코노미(Gig economy)는 우리에게 새롭고 다양한 경제활동모델을 던져주고 있다. 플랫폼 경제를 통해 인간의 노동은 자영업자화로 진행되어가며 더 많은 기회와 가능성을 제공받고 있다. 그러나 불확실성도 함께 증가시켜 모든 인류에게 축복이 되는 것은 아니다. 우리는 거대한 플랫폼이 만드는 문제점을 상기해 볼 필요가 있다. 플랫폼 경제의 단점은 주체(중재자)의 가장자리나 외곽에 있는 사람들은 점점 가난해지는 속성이 있다. 만약에 이러한 단점을 극복하는 '중재자 없이 가치나 콘텐츠를 직접 교환할 수 있는 인터넷 프로토콜이 있다면' 상황은 매우 달라질 것이다. 이러한 의문과 질문, 그리고 실행을 통해 우리는 '블록체인'이라는 프로토콜을 탄생시켰다.

그렇다면 기술이 주가 되는 긱 이코노미 시대에서 '모두가 플랫폼의 구성원(Foundation membership)으로서 긱 근로자(Co gig ; Corporation gigworker)가 되어 함께 긱 이코노미를 만들어간다면' 우리 사회는 어떻게 변화할까? 이는 지금껏 우리가 경험해보지 못한 전혀 다른 경제를 만들어갈 수도 있다.

긱 이코노미는 기술의 부품이 아닌 우리가 기술의 주인이 되도록 발전시켜야 한다. 더 정교한 기술을 발전시키는 인간의 능력보다 중요한 사실은, 그 정교한 기술을 다스리는 인간의 능력(휴머니즘)에 있다. 긱 노동을 극빈층의 희망으로 만든 '사마소스' 창업자 레일리 자나는 **"빈곤한 사람들이 의료, 교육, 깨끗한 물, 안전한 주거 등 기본적인 생계를 누릴 수 있도록 돕고 싶으면 그것들을 제공하지 말라. 빈곤을 줄이는 가장 직접적이고, 장기적으로 작동하는 유일한 방법은 가난한 사람들이 현금을 벌 수 있도록 일을 하게 하는 것이다. 그들에게 수익이 생긴다면 모든 것을 스스로 할 수 있기 때문이다."**라고 말했다. 즉, 경제구조가 만든 부조리에 끌려 다니기보다 인간의 목적에 맞추어 긱 이코노미의 방향을 결정해야 한다는 것이다.

요즘 젊은 세대들은 그동안 평범해보였던 기회조차 제대로 주어지지 않는 냉혹한 현실에 처해있다. 경제 불황을 비롯해 빈부격차가 만든 경제 신분에 막히고, 심지어 기계에도 위협받고 있다. 그래서 현명한 젊은 세대들은 기존의 공부라는 방식을 통한 엘리트주의 사고관을 버리고, 본인이 가진 가치를 보여주기 시작했다. 그들은 자신이 잘하는 것, 잘하고 싶은 것에 집중해 성과를 만들고, 그 성과를 통해 보상받는 것을 꿈꾼다. 이제는 개인의 재능을 보여주고 사랑받는데서 가치가 창출되는 시대가 열린 것이다. 나는 이러한 젊은 사람들이 Co gig(협업을 통한 gigwork 또는 협업하는 gigworker)을 통해 성장하며 꿈을 실현해가도록 하는 준비를 오래전부터 해왔다. 그것은 그들이 '어떻게 건강하고 부유하며, 행복하게 살 수 있는가?'에 대한 물음의 답이기도 하다.

모든 사람들에게는 필요한 3가지가 있다. 건강(Health)과 부(Wealth), 행복(Happiness)이 그것이다. 사람이 건강하고 부유할 수 있어도 행복하지 않으면 그 삶은 좋은 삶이 아니다. 행복해지려면 또 건강해야만 한다. 나의 비전은 건강, 부와 함께 행복한 삶을 누리는 철학을 젊은이들에게 전파하는 것이다. 이러한 시작의 일환으로, 시대의 부담감을 안고 사는 젊은이들에게 도움을 주는 공정하고 투명한 플랫폼을 만드는 데에 목적을 둔다.

긱 이코노미는 **"(재능+기술+시간) × 사람"**이란 산식으로 표현할 수 있다. 승수조건을 가지고 있는 사람이 가장 중요한 요소이다. 결핍한 젊은 세대들은 투명한 플랫폼 환경만 주어진다면 긱 이코노미에서 가장 중요한 자원이 될 수 있다. 플랫폼 중개자가 아닌 플랫폼 구성원이며 또한 소비자가 되어 부를 창출하고, 스스로를 위해 행복한 삶을 설계하는 방법을 가르치려는 것이다.

물론 Co gig worker로서 일할지는 개인의 선택이고 노력의 문제이다. 그러나 '긱 이코노미'가 '일'을 의미하는 새로운 용어로 대두된 만큼 그에 대한 준비는 반드시 필요하다. 따라서 나는 그들에게 급변하는 사회에 어떻게 살아야 하는지 알려주어 긱 이코노미 시대의 적응력을 높이는 사회적인 책임을 실천해보고자 한다.

나는 어려운 때일수록 "나에게 절망을 주는 유전자는 없다. 나는 실망할 수 있는 능력도 없다. 무슨 일이 있어도 말이다"를 좌우명으로 삼고 살아왔다. 이러한 마음가짐을 바탕으로 "세상의 젊은이들이여, 문제에 봉착하면 해결할 수 있는 기회가 생겼다고 기뻐하라. 잔은 비어 있을 때가 채울 수 있는 부분이 가장 많다고 생각하라. 그래야만 기회가 생긴다."라고 용기를 심어주고 싶다. 그리고 이 책이 요즘 시대의 젊은이들에게 그러한 방향과 비전, 열정을 제시하는 역할을 꼭 해줄 것이라 믿는다.

Jai H. Chan.

Mr Chan HWH Legacy Video

CHAN HENG FAI (陳 恒 輝)

Financial Architect Restructuring Expert

40년간 기업혁신과 리스크 매니지먼트를 통해 기업의 가치를 높이는 일을 해온 글로벌 비즈니스 전문가이다. 그는 다양한 산업과 국가에서 35개 이상의 기업을 성공적으로 구조개혁 작업(Restructuring)을 수행했다. 그가 구조개혁을 통해 새로운 가치를 창출한 대표적인 기업 사례는 미국의 아메리칸 퍼시픽 은행(American Pacific Bank)이다.

그는 긱 이코노미 시대에 젊은이들이 점점 좋은 직업에서 멀어지는 것을 안타깝게 여겨 HWH World를 설립했다. 이를 통해 **Co gig**이란 새로운 개념의 긱 이코노미 플랫폼을 제공하고, 행복을 가르치며 도움을 주는 사회적 기업을 만들어가는 중이다. Game changer 란 닉네임을 가지고 있으며, 글로벌 3대 투자가로 조지 소로스와 워렌 버핏보다 뛰어난 수익을 올린적도 있다. fai185.com에서 그와 그의 기업 활동을 확인할 수 있다.

Recommendation

CHAN HENG FAI (陳 恒 輝)
FINANCIAL ARCHITECT
RESTRUCTURING EXPERT

"Young people of the world,
when you run into a problem, rejoice for having a chance to solve it.
You can fill your glass the most when it is empty
and you will get your chance."

Since the beginning on Mankind, The system has depended on "working" for a "living", but now this fact is slowly changing. The GIG Economy is showing new and diverse models of economic activities. Through the Platform Economy, human labor has evolved into self-employment whcih provides more opportunities and possibilities. However, it also increases uncertainty and ambiguity, so this may not be a blessing to all everyone. We must recall the problems that can be created by a gigantic platform. The flaws of the Platform Economy are that the people on the edges or outskirts of the main streem(arbitrator) become poorer.The situation may be very different if there was an 'internet protocol that could directly exchange value or content without an arbitrator'. Through these doubts, questions and executions, we have created a protocol called 'Blockchain'. If so, how would our society change in the era of GIG economy, where technology is the core and 'all the Platform members(Foundation membership) become a cogig(corporation gigworker), helping to create the GIG economy'? This could create an entirely different economy, something that we have never experienced before.

The GIG Economy should be developed so that we are the owner's of the technology and not the components. What is more important than the human ability to develop more sophisticated technology lies in the human ability(humanism) to govern this sophisticated technology. Leila Janah, the founder of 'Samasource' who made GIG labor the hope of the extremely poor once said **"The best way to help people living in poverty is not to provide them with goods and services, but to provide them with cash. And the best way to provide them with cash is through a job."** This means, rather than being led by the absurdity created by the economic structure, it is necessary to determine the direction of the GIG economy according to human purposes.

Nowadays, the younger generations are faced with a grim reality that does not even provide them with the opportunities that seemed natural in the past. In addition to economic recession, they are held back by the gap created by economic status between the rich and poor and they are even being threatened by machines. So, the wiser of these young generations have abandoned elitism and have begun to show their own values. They focus on what they do well, what they want to do, make results and want to be rewarded by the results they have made. Now, the era where value is created by individuals sharing their talents and being loved through them. I have been preparing for a long time for these young people to grow up to become Gold GIGworkers through Cogig(a collaborative gigworker or doing gigwork through collaboration) to fufill their dreams. This will also be the answer to their question, 'How can one live a healthy, rich and happy life?'

There are three essential things a person needs and they are Health, Wealth, and Happiness. A person may be healty and rich but not happy, this is not a good example of a good life. If a person wants to be happy, they also must healthy. My vison is to spread the philosophy of enjoying a healthy, wealthy and happy lifestyle to all of the young generation. To start this off, I aim to create a fair and trnasparent platform that will help young people who live with the pressures of these times.

The GIG Economy can be expressed by the formula of **"(Talent + Skills + Time) × People"**. The multiplier person would be the prime factor. If the the poorer young generation are given a transparent platform environment, they have the potential of becoming the most important resource in the GIG economy. My goal is to teach the young generation how to design a happy life for themselves byl becoming members(Founders) and consumers(gigworkers), not the platform arbitrator, to create wealth. Of course, working as a Gold GIG worker is a personal choice and a matter of effort. However, as the 'GIG economy' has emerged as the new word and meaning for 'work', we need to be prepared. Therefore, I would like to fufill my social responsibility and show them how to live in this rapidly changing society and how to improve their adaptability in thisGIG Economy generation.

In difficult times I have always told myself **"I don't have a miserable gene in my body. I am not capable of being miserable."** I would like to give courage by saying **"Young people of the world, when you run into a problem, rejoice for having a chance to solve it. You can fill your glass the** most when it is empty and you will get your chance." I believe that this book will present direction, vision and passion to the younger generation.

Fai H. Chan.

Mr Chan HWH Legacy Video

CHAN HENG FAI (陳 恒 輝)
Financial Architect Restructuring Expert

A global business expert who has worked for over 40 years, increasing corporate value through innovation and risk management. He has successfully restructured more than 35 companies in various industries and countries. One of his greatest works of creating value is American Pacific Bancorp based in the US.
Currently, he founded HWH World seeing difficulties the young generation have in finding better jobs in this era of the GIG Economy. He is creating a social enterprise that teaches happiness and helps by providing a new concept GIG Economy platform.

__프롤로그__

'긱 이코노미 제너레이션'
가상과 현실의 경계를 지우다

"소프트웨어가 세상을 먹어 치운다"
— 마크 안드레센

2010년 기술의 빅뱅이 일어나고 10년이 흘렀다. 영화 '백 투 더 퓨처'의 미래(2015년)는 이미 과거가 되고, '터미네이터', '블레이드 러너'가 지목한 2020년이 현실이 되었다. 수많은 상상력을 불러오고 멀게만 느껴졌던 가상의 세계가 현실에서 그리 머지않았다는 건 새삼 놀라운 사실도 아니다. 과거 디스토피아로 그려지던 오늘날 우리의 세계는 일정 부분 맞는 구석도 있다. 인공지능의 획기적인 도약과 기계들이 인간의 자리를 빼앗는 것은 지금의 경제에서 해결해야 할 가장 큰 당면 과제 중 하나이다. 4차 산업혁명으로 빠르게 진전하는 세상에 인류는 자동화기기에 치여 조금씩 노동의 자리를 잃어가고 있는 것이다. 기술 사회로 접어들며 인류는 새로운 노동을 시험대에 올려놨다. 기계에 밀려 부유하던 사람들은 인터넷의 가상세계에서 또 다른 기회를 찾는 모순을 보여준다. 인류의 삶이 기술 안에서 새롭게 재편성되면서 우리의 생활 방식은 완전히 달라졌다.

지난 10년 기술의 대변혁은 모바일, 플랫폼이라는 혁신적인 변화를 이끌었다. 전화, 문자, 메신저를 애플리케이션 하나에서 해결하고, 차량이나 숙소 등을 공유하는 우버나 에어비앤비가 등장했으며, 일상을 실시간 업로드 하는 인스타그램이나 유튜브 등이 뉴미디어로 조명됐다. 10년 동안 5억 명에 그쳤던 페이스북의 가입자는 전 세계 기독교 인구의 수를 추월했다. 또한 모두가 희대의 사기라고 폄하했던 가상의 화폐 비트코인은 실물 가치를 증명하며 많은 아류를 남기고 있다. 고작 10년이라는 사이에 인류는 가상의 기술에 완전히 잠식당해버린 것이다.

사람들은 지극히 개인적이고 독립적인 생활을 유지하면서도 더 밀접한 네트워크 시대를 살아간다. 이른바 가상세계의 플랫폼 사회이다. 그 안에서 새로운 노동을 창조하고, 제공하고, 소비하기 시작하면서 우리는 본격적인 긱 이코노미 시대를 맞이하고 있다. 이제는 긱 이코노미가 선사하는 가상의 사회를 이해해야지만 현실에 빠르게 적응하고, 앞으로의 변화에 능동적으로 대처할 수 있는 것이다.

■ 현실 세계가 가상으로 업로드 되다

과거의 기술은 삶을 발전시키는 데에 그쳤지만, 4차 산업혁명은 인류의 사고방식 자체를 변화시키고 있다. 이제 우리는 현실보다는 가상세계에서 유의미한 활동들을 더 많이 만들어가고 있다. 가령, 전 세계 사용자들과 자유롭게 소통하고 정보를 공유하며, 소셜미디어를 통해 개인의 사생활을 노출하면서 나 자신보다 더 나다운 무언가를 창조해내고 있다. 이제는 온라인의 생활 속에 '좋아요'라는 클릭수를 위한 오프라인의 삶을 산다. 밀레니얼 세대는 현실과 가상 중 하나를 바꾸어야 한다면 기꺼이 현실을 바꾸는 선택을 하고 있다.

온라인상의 여론은 오프라인에서도 영향을 미치고 그 과정에서 가상은 현실보다 더 단단해져 간다. 2017년 페이스북에 올라온 미얀마의 가짜 뉴스로 로힝야족이 대량 학살당하는 사태가 벌어졌고, 같은 해 영국에서는 트위터 계정에 총선관련 글이 무더기로 올라와 6월 조기 총선에도 영향을 미쳤다. 시시비비의 선별이 어려운 가상의 소통 창에서 사람들은 무작위로 정보를 얻고 그것을 곧 현실로 의식해버리는 것이다. 그야말로 가상과 현실이 역전된 시대를 살아가고 있다.

이제 가상의 삶은 우리의 의식주까지 해결해주고 있다. 온라인 전자상거래를 통한 물건 구입과 판매는 흔한 풍경이며, 심지어 일자리 플랫폼을 통해 사람까지 거래되고 있는 중이다. 이것을 우리는 긱 이코노미(Gig economy)라고 한다. 가상과 현실 세계를 연결하여 생활을 영위하는 긱 워커(Gig worker)들의 탄생은 온라인과 오프라인의 경계를 지우고 있다. 가상세계에서 인류의 노동은 또 다른 의미로 재해석 된다. 1930년대의 대공황 이후 현재 전 세계는 최고 수준의 실업사태에 직면해있다. 기계화로 노동의 자리는 사라져 가는데 인간의 평균 수명은 길어져 생애노동의 시간은 늘어났다. 하지만 우리는 이미 잠재적 실업자의 꼬리표를 달고 고용불안에 시달려야 한다. 이러한 시점에서 중요한 것은, **보다 오래 일할 수 있는 직업을 선택하여 새로운 노동의 가치를 발견하는 일**이다.

플랫폼 일자리의 등장은 노동을 분산화 하고 확장시키고 있다. 이제는 특정한 한 직업만 가지는 것이 아니라 다양한 일을 원하는 시간에 할 수 있는 자유로운 선택권이 주어졌다. 이처럼 N잡이 가능해진 긱 이코노미의 가상은 미래의 현실인 셈이다. 더 이상 가상이란 말조차 의미가 흐려지고 있는 실정이다. 이러한 인터넷 혁명 속에서 인류는 그것이 순작용이 될지 위협이 될지, 사고조차 어려운 의식의 갈림길에 놓여있다. 그럴 때일수록 우리는 좀 더 면밀히 현상에 주목해야 한다. 플랫폼 세계관이 구축된 이 시점에서 우리는 무엇을 보고 어떤 것에 주목해야 하는지, 그리고 어떻게 준비해야 하는지를 고민해봐야 한다. 지금의 변화가 자신을 안전한 길로 인도할 것인지 혹은 벼랑으로 이끌고 갈 것인지는 결국 현재의 자신이 어떻게 대비하느냐에 달려 있다.

■ 디지털 화폐와 디지털 화폐의 대결이 시작됐다

기존 산업이 플랫폼 산업으로 재정비 되면서 화폐까지 가상화 되고 있다. 알리바바, 아마존, 애플, 우버, 스타벅스 등의 기업들은 자신들만의 디지털 화폐를 만들어 결제 시스템을 구축했다. 페이스북도 리브라(Libra)라는 화폐를 만들어 파트너십을 맺은 기업들과 공용으로 사용하겠다는 포부를 발표했다. 인터넷 시장에서 활동하는 세대에게 디지털 환경에서 사용할 수 있는 화폐의 필요성은 커질 수밖에 없다. 네트워크만 된다면 국가 간 이용이 간편하고 환전이 따로 필요 없기 때문이다.

디지털 화폐의 가능성은 이미 2017년 비트코인의 폭등으로 여실히 보여줬다. 하지만 이제는 플랫폼 기업을 중심으로 새로운 형태의 디지털 화폐들이 등장하고 있다. 더군다나 전 세계 25억 명의 사용자를 둔 페이스북이 자체적으로 생산하는 화폐를 사용한다면, 한 기관이나 정부가 이를 막기란 현실적으로 불가능하다. 심지어 중국의 인민은행에서는 자체적으로 디지털 화폐 발행에 착수했고, 앞으로 3년 안에 전 세계 중앙은행 중 10%가 디지털 화폐를 직접 발행할 가능성이 높다는 월스트리트저널(WSJ)의 조사 결과도 나왔다. 이는 세계 인구의 20% 이상에 해당하는 수치이다. 이제 디지털 화폐는 단순히 동전과 지폐가 사라지는 것 그 이상의 상징성을 보여주고 있다. 지금 이 시점에서 디지털 화폐들이 대거 등장하는 진짜 이유는 무엇일까?

화폐의 전쟁은 우리에게 많은 것을 시사한다. 기존에는 현실의 돈과 암호화폐의 대결구도로, 기관에서 관리를 받는 중앙 집중화냐 탈 중앙화냐로 흘렀다. 하지만 요즘은 플랫폼 기업들이 만든 새로운 형태의 디지털 화폐가 등장하며, 디지털 화폐간의 대결구도를 이루고 있다. 분산형 암호화폐와 페이스북의 리브라와 같은 사기업이 발행하는 중앙 집중형 암호화폐냐의 경쟁이 관전 포인트다. 그러나 이러한 대결구도는 승자를 떠나 우리에게 하나의 메시지를 전해준다. 바로 '디지털 화폐라는 존재에 관한 확인'이다.

2020년 3월초 프랑스 법원이 비트코인을 화폐와 같은 자산으로 인정했다. 우리나라도 암호화폐(가상자산) 거래소 등에 대한 준허가제 도입과 금융권 수준의 자금세탁 방지 의무 부과를 골자로 하는 **'특정 금융거래정보의 보고 및 이용 등에 관한 법률 일부개정 법률안(특금법)'**이 국회 본회의를 통과했다. KB 국민은행은 블록체인 기술을 기반으로 한 금융사업 확장의 일환으로 디지털 자산 수탁서비스(커스터디)를 추진하기 위한 상표권 등록까지 마친 상태이다. 국내 암호화폐 업계가 처음으로 제도권 안에 편입되기 시작한 것이다. 화폐 발전의 역사에서 보면 법제화의 시작이 늘 혁명의 시작이었다. 지폐는 종이이고, Credit Card는 플라스틱에 불과하지만 법제화를 통해 가치가 부여되면서 대중화된 사실이 그 방증이다. 이러한 선례를 보아 디지털 화폐도 대중화로 가는 작은 현상들이 나타났다고 할 수 있다.

인공지능과 플랫폼을 중심으로 가상기술이 현실을 대체하고, 그 영향력이 점점 강력해지는 긱 이코노미 시대. 우리 사회의 가장 관심 있는 주제는 '화폐의 주도권이 어디로 흘러가느냐?'일 것이다. 기술과 화폐 경제권을 해부하는 것은 다음 세대를 준비하는 가장 중요한 요소이다. 이는 곧 세계 경제의 패권을 다투는 중차대한 문제이기 때문이다. 그러한 의미에서 기업들의 플랫폼 산업을 진단하고, 그 이면에서 진행되고 있는 디지털 화폐 주도권을 둘러싼 경쟁의 본질을 파헤쳐보려 한다.

이 책에서는 긱 이코노미의 정의와 더불어 좀 더 확장된 개념으로 가상경제를 설명하고 있다. 또한 현실을 역전시키는 가상 앞에서 인류는 어떤 모습으로 살아가게 될 것인지 진지한 성찰이 필요하다. 긱 이코노미에 의해 변화하고 있는 사회에서 인간의 삶은 더욱 역동적이고 유연하게 살아갈 수 있는 가능성이 높아졌다. 이러한 사회는 인간들에게 더 많은 기회와 가능성을 제공하지만 불확실성과 모호성도 함께 증가시켜 인간은 점점 빨라지는 변화 속에서 끊임없이 적응하며 살아가야 한다는 것이다. 따라서 경제 패러다임이 바뀌는 지금의 현주소를 짚어보고, 우리가 준비해야 할 것은 무엇이며, 경계해야 하는 부분은 어떤 것인지 면밀히 체크해보려 한다.

물론 이 책이 미래사회의 정답일 수는 없다. 그러나 기술을 읽고 흐름을 파악한다면, 새로운 기회를 얻는 긍정의 약속은 될 것이다. 고로 이 책을 읽는 독자들이 또 하나의 가능성을 발견해보길 기대해본다.

앞으로 10년을 준비하는 모든 이들에게
저자 김승래, 이용갑 올림

CONTENTS

추천사 미스터 첸 회장 …5
프롤로그 '긱 이코노미 제너레이션' …15

CHAPTER 01
노동 자유주의 선언, 긱 이코노미 gig economy

❶ 10년 후 인구의 절반은 프리랜서로 산다!? …27
❷ 미래 일자리는 어디로 갔을까? …34
❸ 긱은 산업이 아닌 인류의 혁명이다 …43
❹ 재능과 아이디어가 사업이 된다 …52
❺ 거스를 수 없는 대세, 세계 속의 긱 …64
❻ 한국의 긱을 만나다 …79

CHAPTER 02
디지털에서 노동을 사고파는 긱 워커 gig worker

❶ 일하고 싶을 때만 하세요! …89
❷ 긱 워커 = 매전트슈머(Magentsumer) …98
❸ 돈이 되는 직업의 세대교체 …114
❹ 긱 워커의 성장을 위한 고민과 해결책 …122
❺ 긱 이코노미 패러독스(Paradox) …137

CHAPTER 03
새로운 시대의 성공기준 'Co gig worker'

① 변화에 맞서자, 변화에 앞서자 …153
② 긱에 대한 사회적 관심과 존중 …162
③ Let's Co gig! 함께하는 긱 이코노미 …178
④ 플랫폼에서 노동의 가치를 발견하는 방법 …183
⑤ 긱 이코노미의 성장과 플랫폼의 연결고리 '블록체인' …193
⑥ 왜 플랫폼 기업들은 테크핀에 뛰어들까? …204

CHAPTER 04
블록체인과 결합된 긱 워크 플랫폼의 미래

① 디지털 자산이 미래의 돈이다 …225
② 암호 자산이 안정 장치이다 …232
③ 모두의 공생을 꿈꾸는 토큰 경제 …241
④ 플랫폼 사용권이 곧 기업의 소유권이다 …250
⑤ 참여만 해도 돈이 모이는 긱 경제 …260

에필로그 '긱 이코노미 인문학' …270
추천사 Andrew Stuber(HWH WORLD HEAD, ASIA PACIFIC) …275
참고문헌 …278

CHAPTER 01

노동 자유주의 선언,
긱 이코노미

gig economy

반 지하 집에서 살아가는 기택의 가족은 전원 백수로 살길이 막막한 처지이다. 아버지 기택은 한때 여러 사업에 도전했지만 모두 실패했고, 해 머던지기 선수였던 어머니, 명문대 지망 4수생인 아들, 미대 지망생인 딸 역시 손을 놓고 있는 실정이라 그들은 가내수공업인 피자 박스 접기로 생계를 이어나간다. 그러던 어느 날, 장남은 친구로부터 고등학생 과외 아르바이트를 소개 받고 글로벌 IT기업의 박사장네 가정을 만나게 된다. 이 사소한 우연이 기택의 가족 모두를 무직자에서 벗어나게 하는 결정적 계기를 마련해준다. 박사장네 안주인에게 신뢰를 얻은 장남은 이후 그 집 둘째아들의 미술치료 과외 선생님으로 자신의 여동생을 소개시켜준다. 물론 그들이 한 가족이라는 사실을 숨긴 채 말이다. 그들은 또다시 간교한 술책을 부려 박사장네 운전기사를 쫓아내고 자신의 아버지인 기택을 그 자리에 앉힌다. 기택은 한때 대리운전 기사와 발렛파킹 일을 한 경험 덕분에 무사히 박사장의 시험을 통과하고 새로운 운전기사로 고용된다. 심지어 기택의 아내까지 박사장네 가정부로 채용되어 온 가족이 한 공간에서 일하는 진풍경이 펼쳐지며 잠시의 향락에 취하게 된다.

이 이야기는 한국영화 최초로 아카데미 영화상 4관왕과 칸국제영화제 황금종려상, 골든글로브 최우수 외국어영화상 등 수상의 영광을 안겨준 봉준호 감독의 〈기생충〉의 내용이다. 영화 〈기생충〉에서 무엇보다 주목하고 싶은 점은, 기택의 가족이 보여주는 생활상이 긱 이코노미의 시대를 잘 설명하고 있다는 사실이다. 피자 박스 접기 가내수공업, 운전기사, 과외 아르바이트, 가정부 등의 노동자들이 긱 이코노미를 이야기 하는 핵심이기 때문이다.

1. 10년 후 인구의 절반은 프리랜서로 산다!?

"4차 산업혁명의 진전으로 오는 2030년에는
전 세계에서 20억 개의 일자리가 사라지게 될 것이다."

이는 미래학자 토마스 프레이의 말이다. 그는 4차 산업혁명이 가져다주는 기술의 편의성이 곧 사람의 일자리와 직결된다고 진단하고 있다. 이를 뒷받침 하듯 다보스포럼의 「직업의 미래」보고서에서도 '2020년까지 710만개의 일자리가 사라지고 만들어질 일자리는 200만개에 그칠 것'이라는 예측을 내놓기도 했다. 옥스퍼드대의 칼 프레이 교수 역시 "현재 직업의 47%가 20년 내 사라질 가능성이 높다"고 전망했다. 이러한 미래 일자리에 대한 불안한 견해는 4차 산

업혁명시대가 곧 직업의 종말을 고하는 일종의 선전포고인 셈이기도 하다.

물론 4차 산업혁명이 가져올 변화가 우리 사회에 어떤 영향을 줄지는 함부로 단언하기 어렵다. 하지만 최근에도 로봇, AI(인공지능), IoT(사물인터넷)와 같은 첨단 기술로 인해 일자리가 줄어든 것만은 확실한 사실이다. 실제로 주변에서는 햄버거 매장의 아르바이트생이 셀프 주문이 가능한 키오스크에 밀려 실직해야만 했다. 전화 상담사로 일하던 한 여성 역시 챗봇 같은 인공지능 서비스에 밀려나 "기계에 졌다"며 개탄스러워하는 모습을 보기도 했다. 알게 모르게 자동화기기는 우리 삶 깊숙이 파고들어 사람의 일을 대체하기 시작한 것도 이제 흔히 찾아볼 수 있는 일이다.

MBN 일자리보고서 팀이 저술한 『제4의 실업[01]』에서는 1차 산업

---

01) 매경출판 2017.11.30 / MBN일자리보고서팀, 최은수 집필

혁명의 기계화로 농민과 수공업자가 몰락했고, 2차 산업혁명인 기계의 자동화로 공장근로자가 실직했으며, 3차 산업혁명으로 화이트칼라 직무가 대전환기를 맞았다고 했다. 그러나 **4차 산업혁명은 업종과 역량에 상관없이 모든 사람들에게 직접적인 실업의 충격을 주게 될 것**이라고 경고하고 있다. 한국은 물론 전 세계 일자리의 52% 정도는 컴퓨터로 대체될 위험성 높은 직업군에 노출되어 있다.

더 이상 정규직은 없다

어쩌면 이미 세계는 일자리 없는 경제에 직면해있다 해도 과언이 아닙니다. 국제노동기구(ILO)가 최근 다보스포럼에서 발표한 연례 실업 보고서에 따르면, 올해 전 세계 실업자 수는 작년보다 약 250만 명이 늘어난 1억9천50만 명으로 예상하고 있다. ILO는 "지난 9년 동안 전 세계 실업률은 대략 안정됐지만, 세계 경제 성장세가 둔화하면서 노동시장에 새로 진입하려는 사람들을 위한 새로운 일자리가 충분히 창출되지 않고 있다는 의미"라고 진단했다. 일자리가 있다 해도 원하는 시간만큼 일하지 못하는 등의 이유로 생계가 어려워지는 인구도 1억6천500만 명에 이르고, 구직을 단념하거나 개인 사정으로 일을 하지 못하는 인구는 1억1천900만 명이나 될 것으로 예측됐다. 내년에는 상황이 더 악화해 실업자와 실업률이 각각 1억9천400만 명, 5.5%가 될 것으로 ILO는 말했다. 즉, 올해 전 세계적으로 4

억7천300만 명이 일자리를 찾지 못할 것으로 파악되고 있다.[02]

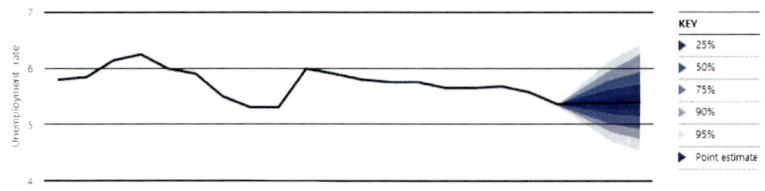

이처럼 고용률이 줄거나 실질 임금이 인상되지 않는, 혹은 줄어든 일에 대한 문제는 어제 오늘만의 일이 아니다. 기업은 경제 불황의 책임을 곧잘 우리들에게 떠넘기곤 한다. 실적이 좋지 않아서, 회사의 재정이 악화되어, 경기가 불황이라, 기업의 구조조정은 언제나 근로자를 실직으로 내몬다. 예전에 직장인의 냉혹한 현실을 보여줘 인기를 얻은 드라마 미생에서 이런 대사가 있었다.

"우릴 위해 열심히 사는 건데, 우리가 피해를 보고 있어."

베이비부머세대(1945~1964년생)와 X세대(1965~1979년생)들이 자라왔던 시대에는 대졸자들이 지식 근로자로 회사에 들어가는 경우가 대부분이었다. '정규직에 정년이 보장되는 번듯한 직장을 얻어서 꼬

---

02) 출처: https://news.sbs.co.kr/news/endPage.do?news_id=N1005613140&plink=ORI&cooper=NAVER&plink=COPYPASTE&cooper=SBSNEWSEND

박꼬박 월급 받으며 편히 사는 것'이 부모들의 가장 큰 바람이었다. 실제로 번듯한 회사의 직장인들은 자신이 속한 회사의 강한 위계질서 아래서 엄청난 시간과 에너지를 바쳐 성실히 일했다. 그런 부모세대 밑에서 자란 세대 역시 그렇게 살 것을 강요받았다. 중·고등학교 6년을 오로지 좋은 대학, 인기학과 입학에 초점이 맞춰져 생활해왔고, 마침내 번듯한 직장인이 되는데 성공하기도 했다. 이러한 교육배경에는 부모 세대의 강요도 한 몫 한다. 그 당시 대우받던 직업들은 대체로 지식 근로자들이 활동하는 영역이었기 때문이다. 자식이 육체적 노동으로 힘겹게 삶을 영위하지 않도록 하기 위해 또는 가난한 삶에서 벗어나기 위함이 컸다. 그러나 지금의 시대에는 고학력·고소득·안정적인 일자리의 법칙이 깨지고 있다.

고용불안감은 지식 근로자에게도 고스란히 전달된다. 최근 「사람인」이 직장인 1,011명을 대상으로 한 '고용불안감'에 대한 조사에서 응답자의 63%가 불안을 느낀다고 답했고, 재직자 중 현재 직장을 평생갈 곳이라고 응답한 사람은 고작 17.4%에 불과했다. 또한 직장인의 10명 중 8명은 퇴사나 이직을 고민하는 것으로 나타났다. 2017년 「벼룩시장 구인구직」이 실시한 '직장생활 의식조사'에서도 응답자의 83%가 퇴사나 이직을 생각하고, 실제로 희망퇴직 압박으로 이를 견디지 못해 퇴사한 사람도 68%나 나타났다.

최근에는 임금 피크제[03]나 임금 커브제[04]로 인건비를 삭감하는

---

03) 워크셰어링의 한 형태로 근로자의 정년을 보장하되 일정 연령이 되면 근로자의 임금을 더 이상 인상하지 않고 삭감하는 제도. [출처] 임금피크제,워크셰어링,임금커브제 개념|작성자 강동역 공인중개사
04) 임금피크제 적용사원의 임금을 연차적으로 임금감소를 시키는 제도[출처] 임금피크제,

기업도 늘어났다. 따라서 고용불안과 더불어 임금의 저하도 감수해야하는 부담감을 안고 있다. 이 같은 일자리 불안이 직장 풍속도와 경제에 영향을 미치는 것은 매우 당연한 이치다.

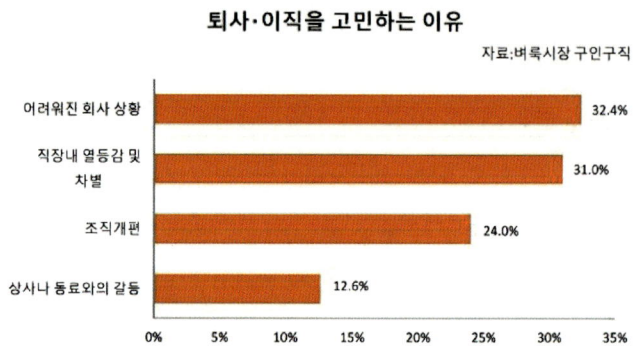

근로자들의 모습과 사회적 지위는 기술의 발달과 그 결을 같이한다. 특히 모바일 기술이 급격히 발전하면서 실시간 글로벌 연결이 활발해지며 가장 큰 변화를 보이고 있다. 일반적인 노동시장에서는 기업이 근로자를 고용하고, 근로자는 기업과 종속적인 계약을 맺게 된다. 하지만 점차 고용이 해체되면서 이러한 전통적·종속적 노동계약이 아닌 독립적 계약이 발생하고, 기업과 근로자의 관계가 플랫폼과 플랫폼을 통한 거래로 변화되기 시작했다. 이는 긱 이코노미가 과거부터 이어져온 전형적인 고용관계를 해체시키고 있다는 것을 뜻하기도 한다. 경제전문지 이코노미스트가 "10년 후 세계인구의 절

워크셰어링,임금커브제 개념|작성자 강동역 공인중개사

반이 프리랜서로 살아가게 될 것"이라고 전망한 것처럼 말이다.

이제 일자리는 직장의 테두리를 벗어나 개별적인 영역에 들어선 것이 분명하다. 그리고 알게 모르게 우리는 현재 **'긱 이코노미 시대'**를 살아가고 있다. 테크노 유토피아와 친숙한 사람들은 사이버 공간의 시장이 더 자유롭고, 그 안에서의 근로와 근로자들은 더 자유롭다고 말한다. 이 '자유'는 유연한 '긱(gig)근로'를 원하는 이들에게 좋고, 비용 절감을 원하는 이들에게도 좋은 표본이 되고 있다.

2. 미래 일자리는 어디로 갔을까?

4차 산업혁명은 직업의 세계에도 많은 변화를 불러왔다. 특히 플랫폼을 활용한 온 디맨드(on-demand) 서비스 시장이 빠르게 확산되면서 떠오른 '긱 이코노미(Gig economy)'는 새로운 노동 트렌드로 자리매김했다. 긱 이코노미란 한마디로 **'기업들이 정규직보다 필요에 따라 계약직 혹은 임시직으로 사람을 고용하는 경향이 커지는 경제현상'**을 말한다. 긱 워크(Gig work), 온라인 노동(Online labour), 크라우드 워크(Crowd work), 마이크로 워크(Micro work), 플랫폼 노동(Platform labour) 등 다양한 용어들이 사용되고 있고, 그 개념과 정의가 다양하나 일반적으로 긱 이코노미로 통합되어 사용하고 있다. 그때그때 필요에 따라 제공되는 다양한 형태의 주문형 임시 근로와 자유 근로자 모두를 의미하기도 한다. 이때 근로자는 중개업체를 통해 일을 할 수도 있고, 직접 임시 고용계약을 체결할 수도 있다.

다이앤 멀케이(Diane Mulcahy) 뱁슨칼리지 교수는 저서 「긱 이코노미」에서 직업의 세계를 하나의 스펙트럼으로 보면 "한쪽 끝에는 전형적인 일자리와 직급이, 다른 쪽 끝에는 실업이 위치하고 그 사이에 존재하는 광범위하고 다양한 일과 직업을 긱 이코노미"라고 정의했다.[05] 즉 상담직, 계약직, 임시직, 프리랜서, 자영업, 부업 등 디지털 플랫폼을 이용한 맞춤형 직업이 모두 긱 이코노미에 포함된다는 것이다. 이처럼 긱 이코노미는 과거 프리랜서, 1인 자영업자를 뜻하는 단어에서 그 의미가 크게 확장되었다. 맥킨지(McKinsey & Company)는 긱 이코노미를 "새로운 디지털 장터에서 거래되는 기간제 근로 형태"로 정의하기도 했다. 앞서 말한 영화 〈기생충〉의 기택네 가족이 가진 운전기사, 개인 과외 선생, 가정부 일도 바로 이러한 긱 이코노미에 포함된다.

---

05) 다이앤 멀케이 著, 이지민 역, 긱 이코노미(정규직의 종말, 자기 고용의 10가지 원칙_더난 출판사)

노벨경제학상을 받았던 로널드 코즈 교수는 '긱 이코노미' 출현을 거래비용이론으로 설명하고 있다. 그는 기업이 근로자들을 직접 고용하게 된 까닭이 '거래비용을 줄이기 위해서'라고 했다. 근로자들이 흩어져 있으면 서로 업무와 관련한 소통 등에서 거래비용이 많이 들기 때문에 업무와 근로자들을 내부화한 것이 기업이라는 조직이다.[06] 이와 마찬가지로 인터넷과 IT기술이 발달한 시대에는 거래비용을 줄이기 위해 긱 이코노미가 등장했다는 것이다. 온라인 플랫폼이 업무나 인력의 외부조달 비용을 줄여주고 있기 때문이다. 직접 고용하지 않고도 실시간으로 근로자를 모집하고 고객과 바로 연결이 가능한 점에서 긱 이코노미는 상당부분 기업의 비용부담을 줄일 수 있다. 따라서 긱 이코노미는 새로운 경제상승 기대감과 고용촉진 대안으로 급부상하고 있다.

< 미국 상무부(Department of Commerce)의 긱 이코노미 정의 >

자료 : U.S.Department of Commerce

구분	내용
1	모바일 앱이나 인터넷 접속이 가능한 IT기기를 활용한 P2P거래
2	플랫폼의 신뢰도 제고를 위해 공급자와 수요자를 상호 평가할 수 있는 시스템 보유
3	서비스 공급자가 자신이 일하고 싶은 시간 및 기간을 선택할 수 있는 시간적 유연성
4	서비스 공급자가 소유한 도구와 자산을 이용해 서비스를 제공

---

06) 서울산업 진흥원, 플랫폼의 역사, IT시대에 자영업자 늘었다.2019.12.30.

공유와 온 디맨드(on-demand) 경제의 등장

긱 이코노미가 성장하게 된 배경에는 인터넷, 모바일 등의 IT기술 발달이 절대적이다. 인터넷 안에서 소통하는 사람들이 늘고 경제적 활동을 영위할 수 있는 플랫폼이 다양해지면서 그에 따른 새로운 경제활동이 펼쳐지고 있다. 이른바 '공유경제와 온 디맨드 경제'가 그것이다.

공유경제[07]는 한마디로 제품이나 서비스를 서로 대여하고 공유하는 활동을 뜻한다. 내가 가진 물건이나 자산, 내게 남는 시간을 다른 소비자와 공유하는 것이다. 이전의 공유경제는 단순 업무를 중심으로 '노동 공유' 형태가 주를 이루었다면, 현재는 다양한 분야에서 재능을 공유하는 형태로 늘어나고 있다. 재능은 컨설팅, 멘토링, 교육 같은 무형의 노동력일 수도 있으며, 재능을 활용한 유형의 제품 형태일 수도 있다. 또한, 유무형 노동력이 결합한 복합형태일 수도 있다. 그 대표적인 사례가 논란이 많았던 '카카오의 카풀' 서비스와 숙박 공유 서비스인 '에어비앤비'이다. 개인의 차량이나 주거지를 특정 기간 일부 저렴하게 제공함으로써 공급자나 수요자 모두에게 이익이 돌아가는 구조로 운영된다.

---

07) 공유경제(sharing economy)라는 말은 미국발 경제 위기의 충격이후 탄생한 개념으로, 미국의 법학자 로렌스 레식(Lawrence Lessig, 로렌스 레시그) 교수가 2008년 지은 책 [리믹스]에서 나왔다. 한번 생산된 제품을 여럿이 공유해 쓰는 협업 소비로, 쉽게 말해 빌려 쓰고 나눠쓰자는 공유소비의 의미를 담고 있다. [출처:네이버 지식백과 :한경 경제용어사전, 시사상식사전, 네이버캐스트사전]

공유경제로 시작한 몇몇 플랫폼은 유명세를 타고 거대하게 성장했고, 이를 전문으로 하는 업체들 - 예를 들면 공유 사무실 업체 위워크나 공유 차량업체 쏘카 등 - 이 시장에 뛰어들면서 '공유'라는 원래의 취지를 무너뜨리고 있다. 그래서 사실상 공유경제의 개념은 무색해지고 있다. 그러나 이러한 노동 형태가 긱 이코노미의 중요 활로인 셈은 분명하다. 공유경제를 통해 긱 근로자들이 대거 생성되고 각자의 재능적·기능적 요소들을 거래하는 시장은 커져갔다. 덕분에 사람들은 특별한 무엇이 아니라 일상의 어느 것이라도 서비스화 시킬 수 있다는 사실을 깨닫게 된 것이다.

또 하나 긱 이코노미의 폭발적인 확대를 가져온 것은 '온 디맨드(on-demand)' 경제도 있다. 온 디맨드 서비스는 고객의 요구에 따라 각종 상품이나 서비스가 모바일 네트워크를 통해 고객이 원하는 형태와 시점에 즉각 대응하는 서비스를 말한다. 즉, 기업이 상품을 다양하고 세분화한 디지털 플랫폼을 구축하고 소비자와 실시간으로 소통하여 필요 서비스를 빠르고 쉽게 만나볼 수 있게 해주는 것이다.[08] 이는 모바일 기술의 발달로 주로 모바일 플랫폼을 활용하는 경우가 많다. 고용이나 자산 보유에 대한 부담이 적기 때문에 즉시적 접근성, 편리성, 가격 경쟁력 등의 강점을 보유하고 있다. 따라서 온 디맨드는 '돈은 있으나 시간이 없는 사람과 시간은 있으나 돈이

---

08) Cockayne, D.G (2016), "Sharing and neoliberal discourse:The ecomomic function of sharing in the digital on-demand economy", Geoforum(77), doi:10.1016/j.geoforum.2016.10.005

없는 사람'을 연결해주는 서비스인 셈이다.[09]

온 디맨드는 O2O와 거의 유사한 개념이긴 하지만 미묘한 차이가 있다. 온 디맨드는 IT인프라를 통해 소비자의 니즈에 반응하여 즉각적으로 맞춤형 제품과 서비스를 제공하는 전략이라 할 수 있다. 이러한 예로 음식 배달 서비스 업체나 택시앱 등의 교통 서비스, 직거래 부동산앱 서비스, 인력 중개 서비스 등 다양한 분야의 업체들이 있다.

→ O2O(Online To Offline) : 온라인 쇼핑몰 판매와 같이 온라인과 오프라인이 결합되어 제품을 제공받는 것

→ 온디맨드(On-Demand) : 고객의 요구에 따라 상품이나 서비스가 모바일 네트워크를 통해 고객이 원하는 형태와 시점에 즉각 대응하는 서비스

사실상 온라인과 모바일로 재화나 서비스를 오프라인에 제공한다는 점에서 O2O나 공유가 온 디맨드 경제에 두루 포함된다고 할 수 있다. 온 디맨드 경제가 등장함으로써 '디지털 플랫폼'으로 시장

---

09) 마화텅, 장샤오룽 공저, 양성희 번역, 공유경제, 열린책들 출판사, 2018.1.20.

이 형성되고 그곳을 통해 거래되는 노동자가 생겨난 것이다. '긱'의 의미가 프리랜서나 1인 자영업자의 범주를 벗어나 더 넓게 해석된 이유도 그 까닭이다. 이제는 긱 근로자에 '디지털 플랫폼 노동자'라는 정의도 함께 붙여지고 있다. 공급자 중심이 아니라 수요자가 모든 것을 결정하는 상황에서 긱 이코노미는 민첩한 고객 대응에 매우 적합한 시스템이라 할 수 있다.

도서 「유령 노동(Ghost Work)」의 저자 메리 그레이와 싯다르트 수리는 "2055년이 되면 전 세계 고용의 60%가 온 디맨드 일자리가 차지할 것"이라 말했다. 이러한 뒷받침의 근거로, 노동자들이 원하는 시간에 일할 수 있는 선택의 기회가 주어지고 나이와 성별, 종교 등에 차별받지 않으며, 가정의 보조 수입원의 창출이 용이한 까닭이다. 이처럼 유연한 근무 형태는 이미 많은 이들을 유혹하고 있다.

• • •

긱당 사회가 왔다

'긱'은 경제 전반에 걸쳐 광범위하게 나타난다. 긱 근로자는 편의점, 대학 강의실, 농장, 공장 등에 고용되거나 야간 사무실 청소부 겸 관리인으로 일하고 있다. 저임금 근로자, 조경업체 일용직 근로자, IT전문가, 크리에이터, 작가, 편집인, 변호사, 비즈니스 컨설턴트 등 다양한 일에 활용되고 있다. 주위를 살펴보면 긱 이코노미는 더 쉽게 찾아볼 수 있다. 가령 A씨가 커피숍에서 커피를 주문하고 B씨는 주문받은 커피를 만들어 제공한다. 배달앱을 통해 음식을 주문하면 C씨가 배달을 해주는 것도, 인터넷 쇼핑몰에서 물건을 구입하고 D씨로부터 택배를 받는 일처럼 일상에서 흔히 이루어지는 행동 하나하나가 바로 긱 근로자의 흔적이다. 생산자와 소비자, 판매자와 구매자 너나 할 것 없이 우리 모두는 매일같이 긱 이코노미 노동을 하고 있는 셈이다.

한국 노동연구원 보고서에 따르면 "플랫폼 경제의 도래는 근대적 자본주의의 종언을 알리는 소리 없는 혁명이다. 근대 자본주의에서 근로자는 자본가에 고용됨으로써 상품이 되는 경제 시스템이다. 하지만 플랫폼 경제는 자본, 토지, 노동이라는 생산요소를 정보서비스와 자영업자 관계로 전환시켰다. 플랫폼 경제에서는 모든 노동이 자영업화 하고 있다"고 말한다. 이는 플랫폼 경제가 기계나 건물 등 대규모 자본투자 뿐 아니라 이에 필요한 거대 노동력 관리까지 줄일 수 있도록 해줬기 때문이다.

그 예로 긱 이코노미 중 배달서비스를 살펴보자. 자전거, 전기자전거, 오토바이, 퀵보드, 자동차 등 이동수단 상관없이 원하는 시간에 자유롭게 일할 수 있으며, 배달 '건당'으로 수수료를 받는다. 배달원이 부족해서 일반인을 모집하는 것이 아니라 전업 배달기사 고용에 따른 비용을 줄이기 위해서이다. '건당 인력'은 근로자가 아닌 자영업자다. 이와 같은 자영업자가 늘고 있는 것은 IT산업의 고도화에 따른 플랫폼의 등장 때문이다. 호텔 사업을 하기 위해 굳이 호텔을 짓고 직원을 고용할 필요가 없고 택시사업을 하기 위해 굳이 택시를 사고 기사를 고용할 필요가 없어진 것이다.

"노동은 언제든 공급받을 수 있는 것이 됐고 기업은 주문 건당 혹은 노동 시간만큼만 지불하면 그것으로 계약은 종료되는 것이다." 기업은 근로자에게 고용, 산재, 건강보험 심지어 연금까지 책임져야 했던 무게에서 벗어날 수 있게 됐다. 지금은 일자리가 아니라 '일감의 시대', '건당 자본주의'가 도래하고 있는 것이다.

3. 긱은 산업이 아닌 인류의 혁명이다

긱 이코노미의 확산은 피할 수 없는 시대적 흐름이다. 우리는 흔히 새로운 기술이 출현하면서 생산과 소비 측면에서 폭발적인 변화가 짧은 시간에 겹쳐서 일어날 때를 산업혁명이라 부른다. **긱 이코노미의 등장은 바로 혁명의 순간이다.** 산업혁명과 긱 이코노미의 탄생은 기술의 발전만 가져온 것이 아니라 이에 따른 산업구조의 변화 및 인문학적 변화, 특히 인류의 행동변화까지 함께 가져왔다.

기술 발전론적 변화

　산업혁명은 인간과 동물, 자연의 동력이 아닌 기계의 활용에서 출발했다. 기계를 도입하고 광범위하게 활용함으로써 생산성을 높이고 인간의 노동에 대한 수요를 줄였다.
　1차 산업혁명은 증기기관의 발명으로 시작된다. 증기기관이 인간의 힘, 동물의 힘, 자연의 힘을 대체함으로써 '힘(力)의 혁명'이라고도 부른다. 2차 산업혁명은 전기의 발명으로 기계의 힘은 더욱 강력해진다. 전기를 통해 생산시간이 늘어나 낮과 밤의 구분, 시간의 구분이 없어져 '시(時)의 혁명'이라고 한다. 이때는 방대한 산업의 발전으로 인류 역사상 최초로 결핍으로부터 벗어나기 시작한 시기이다. 3차 산업혁명은 컴퓨터 기술의 발달로 새로운 활동공간인 '사이버 공간(空의 혁명)'이 생겼다. 그로인해 인간의 활동 범위는 현실과 가상으로 무한하게 넓어지게 된다.
　그리고 현재 4차 산업혁명은 인간이 아닌 쇠붙이가 '지능(知의 혁명)'을 가지게 된 시대이다. 지능을 가진 쇠붙이를 우리는 로봇이라고 부른다. 초 지능화(인간의 지능을 뛰어 넘는 인공지능의 등장)와 초 연결성(사물 인터넷으로 세상의 모든 것이 연결)으로 대표되는 혁명이다. 긱 이코노미는 바로 4차 산업혁명이 주는 초 연결성으로 인한 글로벌 실시간 연결의 힘을 빌어서 태어난 것이다.

<산업혁명을 통한 기술, 산업, 인류의 변화과정>

	1차 산업혁명	2차 산업혁명	3차 산업혁명	4차 산업혁명
태동시기	1784년	1870년	1969년	2015년
기술 발전론적 변화	증기기관 기반의 기계화(力의 혁명)	전기에너지 기변의 대량생산화(時의 혁명)	컴퓨터와 인터넷 기반의 지식정보화 (空의 혁명)	지능정보기술 기반의 초 지능화(知의 혁명)
	국가 내 연결을 촉진	생산간 연결을 촉진	사람과 사람, 사람과 기계간 연결을 촉진	글로벌화와 실시간 연결을 촉진
인문학적 변화	개인노동을 기계가 대신하기 시작	인류노동을 대량생산이 대신하기 시작	개인의 사고를 컴퓨터가 대신하기 시작	인류의 사고를 인공지능이 대신하기 시작
	육체노동의 기계화		지식노동의 기계화	
산업 발전론적 변화	重厚長大(중후장대) 힘센 자가 약한 자를 이김		輕薄短小(경박단소) 빠른 자가 느린 자를 이김	想連智個(상련지개) 연결된 자가 고립된 자를 이김
인류 변화론적 변화	세대 명칭이 존재하지 않던 세대		베이비부머 세대, X세대	밀레니얼 세대, Z세대

- ■ 베이비부머(Babyboomer) 세대(1945~1964년생)
  전 후 세대이며 이념적이다. 결핍이 많았던 세대이나 지속적인 경제발전 과정에서 수직적 위계질서 속에서도 성실하게 일하면서 결핍으로부터 벗어난 기쁨이 있었던 세대다.

- ■ X 세대(1965~1979년생)
  베이비부머의 동생세대로 물질을 중시하고 경쟁사회에서 생존하기 위해 노력하고 있는 세대다.

- ■ 밀레니얼(Millennials) 세대(1980~1994년생)
  베이비부머의 자식세대로 글로벌화 환경에서 형식보다 실리를, 소유보다 경험을 중시하며 SNS활동을 통한 경제활동 및 사회활동 비중이 높은 세대다.

- ■ Z 세대(1995~2010년생)
  X 세대의 자식세대이며 밀레니얼 세대의 동생세대. 경험과 가치, 나만의 개성을 중시하는 실용적인 세대로, 밀레니얼 세대보다도 더 멀티플한 플랫폼 활동을 즐기는 세대다.

인문학적인 변화

　인간 사회에서 노동은 사회계층 간의 불평등 기준이 되어 왔다. 흔히 정신노동을 하는 '화이트 칼라'가 지배층을 이루고, 육체 노동자인 '블루 칼라'가 피지배층을 형성하는 것은 오랜 기간 지속된 관행이다. 그러다 산업화로 인해 인간과 인간의 관계가 인간과 기계의 관계로 변화되면서 힘의 중심이 바뀌는 일이 발생했다. 과거 인간이 컴퓨터를 활용해 일을 진행하고 인터넷으로 다른 사람과 소통하는 도구로써가 아니라 인공지능화로 컴퓨터가 인간처럼 독립적인 사고를 하고 판단하며, 인간이 아닌 사물들이 서로 소통하기 시작한 것이다.
　이미 기계는 인간의 신체 능력을 훨씬 뛰어 넘었다. 그들은 쉬지 않고 먹지 않으면서 밤낮 일을 한다. 그런데 이제는 인간의 사고와 판단 능력까지 기계가 대체할 수 있게 됐다. 그로인해 인간의 개입이 필요한 상황들이 획기적으로 줄어들면서 우리는 더 많은 자유와 여유가 생길 가능성이 커졌다. 이러한 시간적 여유가 긱 이코노미에 어떤 영향을 가져다줄지 지켜볼 필요가 있다.

■ 인류 변화론적 접근
- 밀레니얼 세대들이 소비지형을 통째로 바꾸었다.
　사람들은 주거환경과 생활공간의 영향을 많이 받는다. 밀레니얼 세대의 행동특성도 마찬가지이다. 기존의 베이비부머 세대와 X세대들은 대부분 마당과 마루가 딸린 개인주택에서 살았다. 마루는 지금 아파트로 치면 거실이자 응접실이며, 때론 공부방이기도 하고 식당이기도 했다. 놀이터와 같은 마당은 꽃밭과 텃밭으로 사계절의 변화를 느낄 수 있는 곳이었다. 필자가 어렸을 적 학교에서 돌아오면 어머니는 텃밭에서 상추를 뜯어 된장과 함께 주었던 꿀맛 같았던 식은 밥 한 그릇이 생각난다. 5평 남짓 됐던 마당의 추억은 지금 아파트 30평 이상의 거실의 추억 보다 훨씬 컸었다. 불행히도 마당과 마루를 실내공간으로 만든 아파트 거실에서는 마당의 추억 같은 것이 없다. 변화가 없다는 뜻이다. 굳이 거실에서 변화를 느끼게 하는 것을 꼽자면 텔레비전과 컴퓨터(스마트폰)뿐이다. 아파트가 주된 터전이었던 밀레니얼 세대들에게는 자연과 수변의 변화를 느낄 대상이 없으니 당연히 텔레비전을 많이 보게 되고 컴퓨터와 스마트폰을 많이 들여다보게 되는 것이다.

이렇게 자란 젊은이들이 커피숍에서 4000원짜리 커피를 마시며 얘기를 나누거나 웹서핑을 즐기는 것은 4000원으로 몇 시간 거실을 빌리는 행위나 마찬가지다. 노는 것 또한 인터넷 기반이며 능숙하기까지 하다. 이들은 스마트폰을 통해 정형화된 정보에서 벗어나 얼마든지 원하는 정보를 취할 수 있다. 그 결과 2015년에 글로벌 모바일 데이터 사용량이 갑자기 50배가 늘어나게 된다. 이는 밀레니얼 세대들이 성인(직업인)이 되어 소비경제활동의 주체가 된 변화 때문이다. 따라서 밀레니얼 세대들을 '스마트 신인류' 또는 'Homo Phono Sapiens' 즉 '스마트 폰을 끼고 사는 사람, 스마트 폰이 없으면 생활 자체가 안 되는 사람'으로 부른다. 이들의 소비행동은 글로벌 기업 순위 변화에도 영향을 주었다.

밀레니얼 세대가 소비시장을 주도하는 시장에서의 기업가치는 이들이 만들어내는 클릭수와 비례한다. 그들이 많이 머물고 생활의 니즈를 해결하는 플랫폼이 초고속으로 성장하여 온 디맨드 시장을 주도하기 시작했다. 그 대표적인 선두 그룹에는 우버와 에어비앤비가 있다. 택시 한대도 없는 글로벌 택시 사업인 우버가 2020년 3월 현재 70조원의 가치를, 방 하나 없는 에어비앤비가 37조원(상장 전 예측치)의 가치를 가지게 된 것은 결코 우연이 아니다.

2000년대 초반까지만 해도 기업가치 기준으로 세계 10대 기업은 최고의 제품을 만드는 제조업들이 모두 차지했었다. 그러나 2015년 이후에는 애플(1위)과 삼성전자(10위)를 제외한 8개 기업이 인터넷 기업들로 채워졌고, 2017년에는 10개 모두 인터넷 기업으로 채워졌다. 이들의 공통점은 기존의 비즈니스 모델이 없다는 점이다. 이러한 문명의 교차점 중심에는 스마트 신인류인 밀레니얼 세대와 깊은 연관성이 있는 것이다.

<세계 10대 기업의 시대별 변천사>

1980	1990	2015
IBM	IBM	Apple
HEWLETT PACKARD	HITACHI	Microsoft
Panasonic	Panasonic	Google

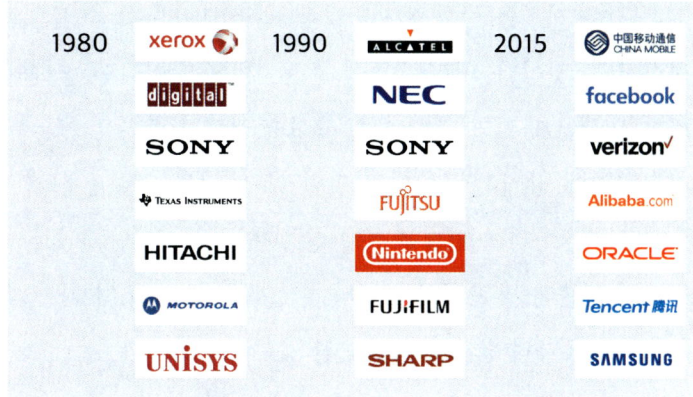

　삼성경제연구소는 신세대 직장인의 특징 연구를 통해 밀레니얼 세대를 'BRAVO 세대'로 표현하기도 했다.

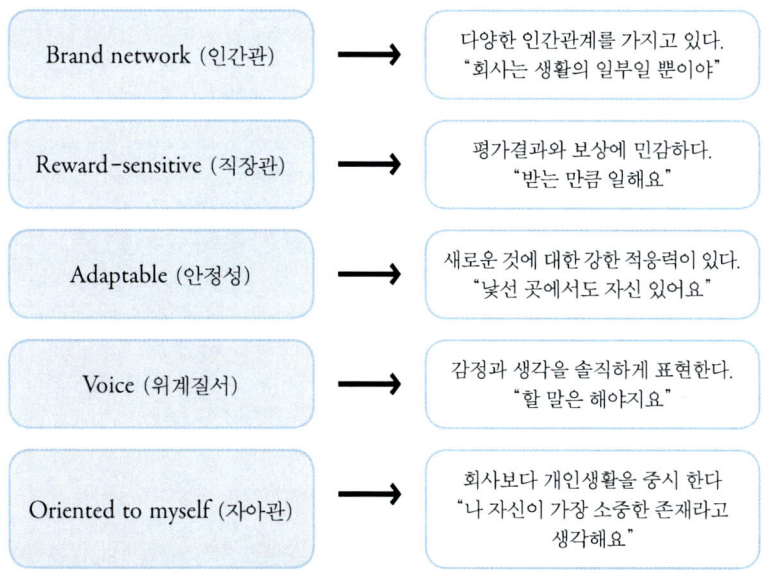

CHAPTER 01 노동 자유주의 선언, 긱 이코노미　49

이와 같은 사실을 종합하자면 결국 시장혁명의 원인이 곧 '인류의 변화'라는 것이다. 따라서 변화의 원인이 사람이라면 변화의 해법 또한 사람에게 있기 마련이다. 시대별 생활상이 다른 인류를 이해하면 거기에 경제를 풀어나갈 답이 있다. 지금과 같은 시기에는 젊은 계층이 좋아하는 기술을 통한 상품과 서비스를 만들어서 제공하는 것이 생존과 발전의 방법이다. 이는 긱 이코노미가 가진 과제이자 동시에 국가적 발전을 가져다 줄 방향이기도 하다.

Plus Point ++++++++++++++++++++++++++++++++++

밀레니얼 세대들의 특징

① **디지털을 다루는데 능숙하다.**

　　미국의 교육학자 마크 프렌스는 밀레니얼 세대를 '디지털 네이티브'라고 말했다. 디지털 네이티브란, 컴퓨터와 스마트폰, 인터넷 등과 같은 디지털 환경에서 태어나고 익숙하게 사용하는 세대를 말한다. 그들은 소셜네트워크서비스(SNS) 사용에 적극적이며, 멀티태스킹에 능하다.

② **학력이 높고 경험이 풍부하다.**

　　밀레니얼 세대는 대학 진학률이 높고 사교육 및 유학, 각종 해외여행 등을 통해 다양한 경험을 쌓았다. 그들은 외국어 능력도 뛰어나 외국인과의 교류가 자유롭고 디지털을 통해 세상과 교류하는 진정한 글로벌 세대이다.

③ **글로벌 금융위기를 겪고 있다.**

　　2008년 세계적 금융위기를 겪은 후 사회생활에 뛰어들어 실업과 취업난을 체감한 세대다. 그래서 물질적 압박으로 인해 N포 세대라 하여 연애, 결혼, 출산, 주택 등 많은 것을 포기하거나 미루는 특징이 있다.

④ **안정적인 취업보다 돈이 나오는 구조에 눈을 돌린다.**

　　경제적 위기와 고용불안으로 평생직장의 신기루를 배운 탓에 취업 보다는 개인의 재능을 활용한 이익 창출에 과감히 뛰어든다. 누구보다 긱 이코노미에 가장 적극적인 세대이다.

⑤ **자기표현 욕구가 강하며 삶의 질에 관심이 많다.**

　　자기표현에 과감하며, 부당하다고 느껴지는 일에는 적극적으로 목소리를 낸다. 소유보다는 공유를 추구하지만 자신의 삶의 만족도를 위해서는 투자를 아끼지 않는 성향도 강하다.

4. 재능과 아이디어가 사업이 된다

　한 번은 강의 중 젊은 친구에게 장래희망이 무엇이냐고 물은 적이 있다. 그때 그의 대답은 요즘 세대들이 갖는 노동의 인식이 얼마나 많이 바뀌었음을 느끼는 대목이었다.
　"프리랜서가 꿈입니다."
　무언가에 얽매이고 싶어 하지 않는 밀레니얼 세대다운 대답인 듯싶었다. 그는 단순히 어떤 직업을 갖는 것에 목적을 두는 것이 아니라 내 일을 어떻게 하며 살아가느냐에 초점을 두고 있었다. 즉, 삶의 만족도를 더 중요시 여기는 것이다. 본질적인 장래희망이라면 그것이 꽤나 정답에 가까운 답변이 아닌가 하는 생각이 든다. '워라밸[10]'이라는 말이 화두로 떠오르는 것도 그 연유에서 일게다. 이 청년과 같이 돈 보다는 삶의 질, 더 즐거운 삶을 살고자 하는 사람들이 늘면서 긱 이코노미도 각광받고 있다.

긱 이코노미의 최대 장점은 노동자가 선택적으로 일을 할 수 있다는 점이다. 원하는 시간에 원하는 만큼 일을 할 수 있으면서 또한 두 가지의 일을 유연하게 근무하며 자기계발 및 추가 소득도 쌓을 수 있다. 그것은 밀레니얼 세대들에게 꽤나 거부할 수 없는 매력인 셈이다. 특히 온라인과 모바일 안에서 살아가는 이때에, 점차 월급쟁이들은 사라지고 디지털 노동자의 시대가 온다고 해도 과언이 아닐 것이다.

"인간은 원초적으로 프리랜서다. 프리랜서로 태어나 프리랜서로 죽는다. 태어나면서부터 직업이 정해져 있다면 그건 신분사회다. 알다시피 근대 이전에는 그랬다. 귀족과 노비, 혹은 '사농공상'의 구획이 엄격해 한번 농민으로 태어나면 대를 이어 농업에 종사해야 했다. 이건 실로 불공평하다. 농업이 나쁘다는 게 아니라, 일방적으로 주어지는 것이기 때문이다. 그래서 이런 모순과 불평등을 극복하기 위해 인류는 참으로 많은 대가를 치렀다. 그 덕분에 지금은 누구도 이런 식

---

10) 일과 삶의 균형을 뜻하는 영어 work and life balance의 발음을 우리말로 줄여 만든 신조어이다. '일과 삶의 균형(Work-life balance)'이라는 표현은 1970년대 후반 영국에서 개인의 업무와 사생활 간의 균형을 묘사하는 단어로 처음 등장했다. 워라밸은 높은 업무 강도에 시달리거나, 퇴근 후 SNS로 하는 업무 지시, 잦은 야근 등으로 개인적인 삶이 없어진 현대사회에서 직장이나 직업을 선택할 때 고려하는 중요한 요소 중 하나로 떠오르고 있다. 출처:[네이버 지식백과] 워라밸 (시사상식사전, pmg 지식엔진연구소)

으로 태어나지 않는다. 직업이란 단지 경제 활동일 뿐 아니라 생명의 정기를 사회적으로 표현하고 순환하는 행위다. 따라서 단순히 돈과 지위로 환원되지 않는 삶의 가치들이 반드시 수반돼야 한다. 인간은 누구나 자신이 노동의 주체가 되기를 원한다. 누구도 남의 부림을 받으며 살기를 원하지 않는다. 그런데 하도 '정규직 타령'을 하다 보니 이 원초적 본능을 망각하기에 이른 것이다. 잘나가는 정규직이든 '사'자가 들어간 직업이든 프리랜서의 운명을 피할 도리가 없다. 디지털 혁명의 시대에 '안전한 영토'는 없다. 요컨대 우리는 아는 것보다 모르는 것이 훨씬 많은 우주에 살고 있다. 그러니 개별 인생에도 얼마나 많은 변수들이 존재하겠는가. 인간이 원초적으로 프리랜서라는 건 이런 이치에서다."

「몸과 인문학」이라는 책의 내용 중 하나이다. 이 책의 저자이자 고전평론가인 고미숙 작가는 프리랜서를 '자신의 삶을 능동적으로 이끌어가는 본능'으로 표현했다. 사람들이 긱 이코노미를 선호하는 이유 중 하나도 고미숙 작가의 말에 공감하고 있다는 반증도 된다. 출퇴근의 압박에 시달일 일도, 늘 "Latte is horse!(나 때는 말이야)"를 외쳐대는 꼰대 같은 상사의 눈치를 볼 필요도 없는, 많은 시간 일에만 매달리지 않는 자유롭고 독립적인 경제활동을 누릴 수 있다는 점이다. 실제로 IT전문가나 개발자, 방송인, 디자이너, 크리에이터 등의 전문성을 가진 사람들도 직장을 벗어나 한곳에 얽매이지 않고 프로젝트 단위로 일을 하며 경제적 자유를 누리고 있다.

이런 변화는 또한 새로운 기회도 창출한다. 자신의 재능과 아이디어가 사업으로 연결되어 창업의 문턱을 낮춰준다. 해외에서는 이런 긱 이코노미가 상당히 활성화 되어있다. 미 노동통계국(BLS)의 자료에 따르면, 지난해 미국의 고용 성장률은 5.4%인데 반해 개인사업자의 성장률은 27%나 된다고 한다. 5배가 넘는 수준으로 그만큼 긱 이코노미도 확대된 것이다. 아직 한국에서는 시기상조라고 하는 사람도 있지만 그렇기에 긱 이코노미의 시대 우리의 선택은 아주 좋은 신의 한수가 될 수 있다. 아이디어와 그 아이디어를 실행시키는 '원초적 프리랜서 본능'만 발휘한다면 개인의 삶은 물론 세상을 바꾸는 것도 가능하다. 글로벌 기업으로 거듭난 에어비앤비나 우버도 바로 그러한 아이디어 하나로 시작됐다는 사실을 알면 말이다.

긱 이코노미는 얼마나 성장할까?

긱 이코노미가 주목받기 시작한 배경에는 앞에서 거론한 것처럼 온라인 접근성의 확대가 있다. 긱 이코노미는 기존에도 있던 개념이지만 서비스의 수요자와 공급자를 이어주는 온라인 플랫폼이 생활에서의 활용도가 높아지면서 고용시장에 미치는 영향력도 커졌기 때문이다. 맥킨지 보고서에 따르면 2025년까지 온라인 재능 플랫폼이 창출하는 부가가치는 2조 7천억 달러(한화 약 3200조원)에 이를 전망이라고 한다. 전 세계 국내총생산(GDP)의 2%에 해당하는 규모이다. 혜택을 입는 사람의 수도 5억 4000만 명에 이를 것으로 예측됐다. 절반에 가까운 2억 3000만 명이 구직활동에 필요한 시간을 단축할 수 있으며, 2억 명은 프리랜서 플랫폼을 통해 근로시간을 늘려 소득증대효과를 볼 수 있다. 그 밖의 6000만 명은 자신이 보유한 기술이나 관심사에 적합한 일자리를 구할 수 있고, 5000만 명은 비정규직에서 정규직으로 전환할 수 있을 것으로 예상했다.

국제노동기구(ILO)에서도 "긱 이코노미는 노동의 공급 방식과 일자리 규모, 산업구조를 변화할 수 있는 잠재력을 갖고 있다"고 평가했다. 인터넷 서비스의 발달과 디지털 플랫폼의 다양성이 긱 이코노미를 키우는데 한 몫 하지만 그 외에도 일에만 얽매이고 싶지 않는 현대인들이 늘어나면서 긱 이코노미의 발전은 오히려 매우 자연스러운 현상인지도 모른다. 특히 20대 젊은 층을 중심으로 긱 이코노미의 인기는 높다. 조직에 얽매이기 싫어하는 젊은 층이 자기 주도적으로 일하려는 성향이 강하고 일하고 싶을 때만 일할 수 있는 긱 이코노미의 특성에 맞아떨어지기 때문이다.

이 시점에서 우리는 시대의 변화를 깊게 들여다보고 대비해야 한다. 조금이라도 일자리에 대한 불안을 느끼는 사람이라면 긱 이코노미를 면밀히 살피고 적용하려는 시도가 필요하다. 이러한 노력에서 새로운 기회를 발견할 수도 있는 일이다. 파도가 오는 때를 보고 물살을 타는 보더가 되느냐, 아니면 오는 파도만 맞고 휘청이는 보더가 되느냐는 각자 선택의 몫이다.

긱 이코노미 현상의 사회적 요인

한창 무르익은 술자리를 정리해갈 시점이었다. 거나하게 취한 친구가 다른 일행에게 "어떻게 이동할 거냐"고 물었다. 내가 대답을 머뭇거리는 사이에 한 친구는 어이가 없다는 듯 콧방귀를 뀌며 스마트폰을 꺼내 손가락을 몇 번 까닥거렸다. 그리고는 자신만만하게 말했다.

"너는 대리기사 불렀고, 난 택시기사 불렀으니까 조금 있다 나가자."

그는 우리가 고민할 틈도 주지 않고 스마트 앱 하나로 깔끔하게 문제를 해결했다. 이러한 상황을 지켜보고 있자니 새삼 기술의 발전에 놀라곤 한다. 이제는 어디서든 스마트폰만 있으면 얼마든지 원하는 서비스를 제공 받는 것이 매우 익숙한 풍경이 됐다. 택시 앱이나 대리기사 앱 등과 같이 해당 서비스와 계약된 근로자를 한 번의 클릭으로 부르기만 하면 그들은 언제든 내가 필요로 한 일을 처리해준다. 이처럼 우리는 쉽고 빠르게 긱 근로자들을 공공연히 소비하고 있다.

또 다른 예도 있다. 한 IT기업에 프로젝트 사업을 맡게 된 A씨(프리랜서 개발자)는 바쁜 일정 때문에 자신의 반려견과 산책할 시간도 없어졌다. 그런 그가 대안으로 선택한 것은 모 인터넷 애견카페를 통해 반려견과 산책할 사람을 모집하는 일이었다. 덕분에 그는 편한 마음으로 자신의 일을 처리할 수 있게 됐다. 이는 긱 근로자들끼리 자신의 니즈에 따라 수요와 공급을 한 셈이다. IT 기업에서는 프리랜서인 A씨를, A씨는 반려견 산책가를, 보다 용이한 방식으로 용역을 제공받은 것이다. 이러한 니즈를 충족시키는 편리성과 즉시적 접근성, 가격 경쟁력 때문에 사회는 오히려 임시직을 더 선호하는 현상으로까지 번져가고 있다. 이렇게 긱 이코노믹 현상이 급부상하게 된 데에는 몇 가지 사회적 요인이 따른다.

먼저 긱 이코노미는 필요한 시간에만 일하는 근로형태로, 9 to 6(오전 9시부터 오후 6시까지의 일하는 시간)이라 말하는 전통적인 노동시간에 대한 개념을 붕괴시켰다. 정해진 출퇴근 시간 없이 개인이 수입을 올리는 대리운전, 주차대행, 가사노동, 음식배달, 배송 등의 생활밀착 서비스에 프로그램 개발, 데이터 입력, 컨설팅, 법률 상담, 온라인 비서, 강의 등 전문직 업무들이 더해지면서 그 범위와 규모가 점차 확대되고 있다. 유연한 근무시간은 전문직 여성들에게도 매력적으로 받아들여졌다. 긱 이코노미가 수입과 시간을 동시에 줄 수 있기 때문이다. 타이핑 쳐주기, 노래 불러주기, 아침 기상 알람 해주기, 결혼식에서 박수 쳐주기, 산책 함께하기, 대화 함께 나누기 등 재미있는 아이템들도 있다. 사실상 긱 이코노미는 세상의 모든 서비스가 대상이 되는 셈이다.

게다가 긱 이코노미는 혁신적인 자본시장의 기업구조를 변화시켰다. 긱 이코노미가 주는 분명한 메시지는 자본과 노동의 구조가 새롭게 재편되고 있고, 이는 과거로부터 이어져온 전형적인 고용관계의 해체를 가져오고 있다는 점이다. 일반적인 노동시장에서는 자본 즉, 기업이 근로자를 고용하면서 종속적인 계약을 맺고 근로자는 그 계약 아래에서 근무를 해왔다. 긱 이코노미를 통하여 이러한 전통적인 고용관계가 해체되면서 종속적 노동 계약이 아닌 독립적 계약이 발생하고, 기업과 근로자의 관계가 아닌 플랫폼과 플랫폼을 통한 수많은 거래가 이뤄지게 된다. 전통적인 숙박기업이라면 전 세계에 호텔을 세우고 직원을 고용하고 관리하며 고객을 받을 것이다. 하지만 오늘날 에어비앤비는 호텔 하나 세우지 않고 중개만 한다. 고용되지 않은 사람들이 스스로 자신의 집을 정리하고 청소하고 사진을 찍어 올리고 고객도 알아서 받는다. 택시업도 마찬가지이다. 전통적인 택시라면 택시기사들이 모든 것을 관리한다. 하지만 오늘날의 택시 우버도 중개만 한다. 기사들은 우버에 고용된 사람들이 아니다. 우버는 플랫폼만 제공한다. 중개자와 소비자들이 이 플랫폼에서 자유롭게 만나서 거래를 한다. 오늘날 기업들은 몸통은 사라지고 머리만 가진 형태로 변화하고 있다.

사실 임시 근로자는 사이버 공간이나 우버가 등장하기 수십 년 전부터 존재해왔었다. 월스트리트저널은 "다양한 유형의 긱 이코노미 일자리가 존재하지만 이들은 모두 과거에 존재했던 파트타임 일자리다. 지금 달라진 점은 소비자들이 스마트폰을 통해 이런 서비스를 이용할 수 있다는 것뿐"이라고 보도했다. 하지만 긱 이코노미가 등장하기 시작하면서부터 노동의 비정규화가 더욱 심화되면서 고용과 경제의 미래에 미치는 영향에 대해 생각하지 않을 수 없다.

정규직으로 고용된다는 것은 사용자가 근로자에게 임금과 노동시간을 보장한다는 것을 의미한다. 전통적인 일자리는 근로자들에게 사회적인 신용을 보장해주었다. 근로자들은 다음 달에도 내년에도 월급을 받을 수 있다는 보장 때문에 주택 대출로 집을 사고, 할부로 자동차를 사는 것이 가능했다. 그런데 긱 이코노미는 일자리를 만들어내지만, 이러한 보장을 붕괴시키고 있다. 계속 같은 일을 할 수 있는 보장이 안 된 상황에서는 내 집 마련 계획, 자동차 구매계획, 육아의 계획 등 삶의 장기적 계획을 세우기가 불가능하다. 우리사회의 신용은 정기적인 소득을 담보로 이루어지는 경우가 대부분이기 때문이다.

물론 긱 근로자들의 처지가 모두 같을 수는 없다. 이들 중 상당수는 정규직으로 고용된 직장에서 퇴근한 후 추가 수입을 올리기도 한다. 많은 디자이너, 프로그래머, 번역가, 이벤트 기획자 등 창의적인 직업을 가진 사람들은 용역 계약직으로 업워크, 크몽 같은 플랫폼을 이용하여 잠재고객과 연결된다. 이런 긱 근로자들 중에는 고소득자들도 있고, 전일 근무하는 일반 직장인에게는 없는 자유를 즐기는 사람들도 많다. 고로 어느 노동현장에서든 양면성은 존재하며 긱 이코노미 역시 이에 자유로울 수 없다는 것을 인정해야 한다. 그러나 반드시 긍정적이어야 하는 것도 있다. 긱 이코노미가 위기이든, 기회이든, 그것이 가져다 줄 미래의 가능성에 대비하는 우리의 마음과 태도는 긍정적이어야 한다.

■ Black swan 코로나바이러스 감염증(COVID-19) 사태와 긱 이코노미(Gig economy)

Black Swan! 직역하면 '검은 백조'라는 뜻이다. 2008년의 세계적인 금융위기를 겪으면서 너무나도 유명해진 단어다. 18세기까지 서구인들은 '모든 백조는 희다'라고 믿었다. 그런데 오스트레일리아에서 흑색 고니가 발견되면서 그동안의 상식이 완전히 무너져버렸다. 그 이후에 Black swan은 **'기존의 경험을 깨는 예기치 못한 극단적 상황이 나타나 경제와 사회 등에 큰 파장을 불러오는 사건'**을 일컫게 되었다. 최근에 인류가 경험한 Black swan은 브렉시트(Brexit;영국의 유럽연합 탈퇴)와 중국 경제의 경착륙, 글로벌 금융위기 등이다. 발생 가능성은 적지만 한번 터지면 대규모 후폭풍을 몰고 오는 사건들이란 공통점이 있다.

지금 인류가 겪고 있는 또 하나의 Black swan은 당연 코로나-19의 대유행 사태이다. 2020년 1월 초에 시작된 코로나 바이러스 대유행은 2008년도 글로벌 금융위기를 훨씬 뛰어넘어 전 세계적으로 커다란 경제적 피해를 주고 있는 중이다. 그 피해규모조차 예측이 어려운 실정이다. 심지어 준전시 상황 수준의 대응책을 펴는 나라도 있다. 그야말로 세계는 지금 바이러스와 전쟁을 하고 있는 셈이다. 이때 우리가 대비해야 할 것은, 이처럼 희귀하고 비일상적인 사건이 느닷없이 발생하여 사회전체를 바꿔버린다는 사실을 인지해야 한다는 점이다.

「질병이 바꾼 세계의 역사」[11]에 따르면 페스트는 1347년 발병해 5년 동안 유럽 전체 인구의 30%인 1800만 명의 목숨을 앗아갔고, 중세유럽 사회구조까지 바꿔버렸다. 모든 분야에서 노동력이 부족해

---

11) 로날드.D. 게르슈테 지음, 강희진 옮김, 미래의 창, 2020.03.16.

<질환 영문명(WHO): COVID-19 | 바이러스명(ICTV): SARS-CoV-2>

이미지 출처: The Biology Notes

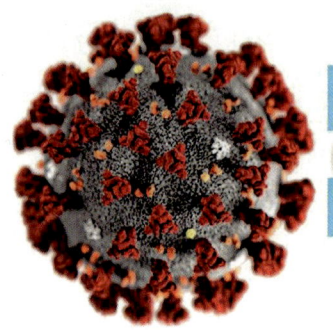

지자 유럽 내 수많은 지역에서 노동자들의 임금이 상승했고, 농노를 구하기 힘들어져 유럽경제 기반인 장원제도와 봉건제도가 급격히 흔들렸다. 페스트가 번지기전까지만 하더라도 유럽 대부분 지역은 기근과 빈곤에 시달렸지만 인구수가 급감하면서 부족한 식량 문제도 해결되었다. 살아남은 이들은 제한된 자원을 보다 효과적으로 활용하면서 사회가 발전하기 시작했다. 또 다른 예로 16세기 유럽인들은 천연두로 아메리카 신대륙을 손쉽게 차지할 수 있었다. 유럽인들이 신대륙에 들어가면서 천연두 바이러스가 아즈텍, 잉카 등 신대륙 원주민들에게 퍼졌고, 면역체계가 없었던 원주민들은 천연두에 걸려 인구 30%가 사망했다.

현재는 코로나-19가 세계 역사를 바꿀 가능성이 크다. 코로나-19의 사태로 세계 경제위기가 지금껏 겪어보지 못한 방향으로 흘러가고 있다. 이제까지의 경제위기는 대부분 금융시장의 충격이 실물경제로 이어지며 통화와 재정정책의 수위조절로 해결되었다. 중앙은행의 기준금리 인하와 양적완화, 돈 풀기가 대부분의 해법이었다. 그런데 이번 위기는 돈이 있어도 해결할 수 없다. 돈이 바이러스를 잡지 못하기도 하지만 위기의 형태가 소비, 이동, 무역, 출근, 모임 등 모두가 문을 걸어 잠근 **'일상의 마비'**로 인한 수요와 공급망이 동시에 붕괴되었기 때문이다.

이 같은 코로나-19 사태 이후 세상의 변화와 관련된 예측이 여기저기에서 나오고 있다. 그중 긱 이코노미와 관련한 몇 가지 예측은 이미 우리가 경험 중에 있다. 바로 이러한 것들이다. **'재택근무가 활성화 될 것이다'**, **'디지털 경제의 사회적 수용이 늘어날 것이다'**, **'이제 핀테크, 무인점포, 스마트 행정에 관한 요구가 폭발할 것이다'**, **'유통은 더 빠른 속도로 오프라인에서 온라인으로 재편될 것이다'**, **'배달 중심의 온디맨드 사업은 더욱 번창하고, 우리의 식문화는 크게 바뀔 것이다'** 등등.

이는 코로나 바이러스 예방 및 확산방지를 위한 자의적·타의적 사회적 거리두기의 결과이며, 이미 일부 배달전문 플랫폼에선 배달 긱 근로자를 구하기가 어렵다는 기사까지 나오고 있다. 위와 같은 단초로 보아 코로나-19 사태가 진정될 무렵에 긱 이코노미는 그 발전 속도에 가속도가 붙어있을 가능성이 매우 커 보인다. 그리고 긱 이코노미의 미흡한 부분이 보완된 새로운 긱 모델이 등장할 것이다. 따라서 Black swan이 준 교훈을 상기하여 단순히 과거의 경험과 고정관념이 지금 우리의 행동기준이 되어서는 안 된다. 긱 이코노미 역시 과거보다 미래 지향적으로 바라보아야 해법이 보일 수 있다.

5. 거스를 수 없는 대세, 세계 속의 긱

 2018년 유럽연합(EU) 집행위원회에서는 긱 이코노미 노동자에 대한 수요조사를 실시했다. EU 14개국의 성인을 대상으로 '긱 워크'에 종사한 경험을 묻자 9.7%의 사람이 근로를 한 것으로 나타났다. 이는 디지털 플랫폼 노동을 경험한 인구가 전체 노동자 중 10%에 이른다는 점에서 예상외의 높은 수치가 아닐 수 없다. 예컨대 자신의 주변인 열 명 중 한명은 온라인 안에서 일을 얻고 있다는 사실이다. 이것을 전 세계적인 수치로 확대해보면 긱 이코노미 경제의 규모는 어마어마하리만치 크다.
 2016년 10월, 맥킨지 글로벌 연구소의 긱 이코노미에 대한 보고서를 살펴보면, 미국 및 유럽인들의 생산가능 연령 인구 20~30%는 자유 근로 소득자로 나타났다고 한다. 물론 아래 차트를 보면 자유 근로 전체에서 디지털 플랫폼이 차지하는 비중은 15%이었지만, 당시와 비교했을 때 2017년 전 세계 디지털 노동 플랫폼 산업의 총매출액은 약 820억 달러에 이르렀다.[12] 이는 2016년보다 65%나 성장한 셈이며 그만큼 플랫폼 노동자의 수도 늘어났을 것으로 추측할 수 있다.

Independent workers who sell goods or lease assets are more likely to use digital platforms than those who provide labor services

Responses from MGI Survey
United States and EU-15

	Population	Share that have earned income from a digital platform %	Number of digital platform users	Example platforms
All independent workers	162 million	15	24 million	
Workers who provide labor	150 million	6	9 million	• Freelance Physician • Deliveroo • TaskRabbit • Uber • Upwork
Workers who sell goods	21 million	63	13 million	• Etsy • eBay • DaWanda
Workers who lease assets	8 million	36	3 million	• Airbnb • Boatbound • Getaround • BlaBlaCar

1 EU-15 based on population-weighted extrapolation from five countries surveyed: United Kingdom, Germany, France, Spain, Sweden.
SOURCE: McKinsey Global Institute analysis

---

12) James Manyika, Susan Lund, Jacques Bughin, Kelsey Robinson, Jan Mischke, and Deepa Mahajan, "Independent work: Choice, necessity, and the gig economy", McKinsey Global Institute Report(October 2016),
www.mckinsey.com/golbal-themes/employment-and-growth/independent-work-choice-necessity-and-the-gig-economy.

이 성장세로 보면 앞으로는 생산 가능 인구의 절반이 긱 워크 또는 1인 사업자가 된다고 해도 과언이 아닐 정도이다. **"글로벌 긱 워크 시장 규모가 5년 후에는 지금의 20배로 성장할 것"**이라는 글로벌 회계법인 프라이스워터하우스쿠퍼스(PWC)의 전망[13]까지 나오고 있고 글로벌 경제잡지 포브스(Forbes)의 경우에는 **"2020년에는 직업의 43%가 긱 이코노미의 채용형태로 나타날 것"**이라 예상하고 있어 긱 이코노미 노동의 규모는 앞으로 더 커질 것이 확실하다.

・・・
세계 속 긱 이코노미의 노동 동향

디지털 노동 플랫폼 산업은 2010년대 초반에 시작되었고 지속적으로 성장하고 있다. 특히 운송플랫폼이 주축이 되어 글로벌 플랫폼 전체 매출액의 73%를 차지하고 있고, 그 외 숙박 공유 플랫폼과 배달 서비스 플랫폼이 주류에 편입되어 있다.

앞으로도 긱 이코노미의 빠른 성장이 예상되는 만큼 선진 주요국들은 긱 이코노미를 신성장동력으로 발전시키려는 다양한 방안 마련에 나서고 있다. 새로운 디지털 창조경제의 모형 구축을 위해 디지털 플랫폼 산업에 지원하는 한편 제도적 마련을 통해 공정한 산업

---

13) 「노동의 미래(future of work: jouney to 2020)」 보고서에서 "현재 긱 이코노미가 고용시장에서 차지하는 비중은 2%에 불과하지만 향후 2022년까지 시간제 근로와 여러 기업에 동시 고용되는 형태의 노동이 확산되면서 긱 이코노미의 성장 잠재력이 매우 커질 것"으로 전망한 바 있다.

경쟁 및 긱 근로자들의 권리 보호를 위한 방안을 마련하고 있다. 현재 주요국들의 긱 이코노미 규모는 다음과 같다.

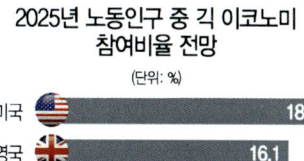

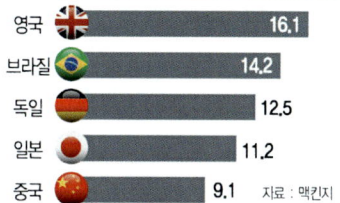

■ 미국

현재 미국 사회에는 기업과의 장기적 관계에 기반한 '일자리(jobs)'에 고용되어 일하는 것이 아니라 독립 계약자 또는 컨설턴트 자격으로 유연한 근로계약에 따라 긱을 위해 고용된 근로자의 비중이

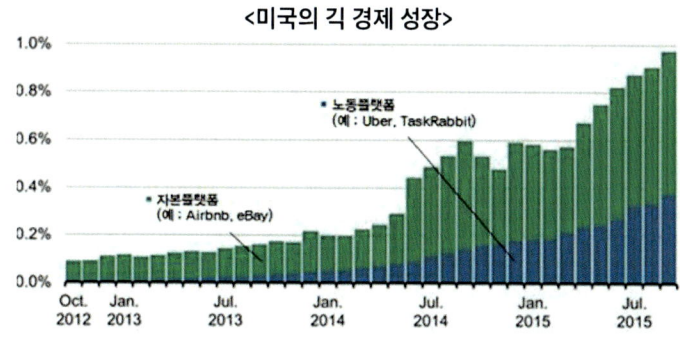

점점 늘고 있다.

긱 이코노미의 가장 대표적인 예는 운송 플랫폼인 우버(Uber)와 숙박 공유 플랫폼인 에어비앤비(Airbnb)라 할 수 있다. 사실상 긱 이코노미란 용어가 부상하게 된 계기도 2009년 우버의 등장에서부터다. 처음 우버가 스타트업으로 등장했을 때는 많은 기술 전문기자들에게 무시당하여 주류 교통수단이 될 가능성은 희박하다는 평가를 받았다. 그러나 단 몇 년 사이에 우버는 실리콘밸리의 유망주로 떠오르고 전 세계에서 가장 가치 있는 기업의 반열에 올랐다. 경제 전문지 패스트컴퍼니(Fast Company)가 '우버는 어떻게 세계를 정복했는가'라는 칼럼까지 쓸 정도였다.[14] 우버의 이러한 성장세는 독립계약자로 분류된 우버 드라이버의 증가와도 연관이 깊다.

'No shifts, No boss, No limits'

'교대 근무도, 상사도, 근무 상의 어떤 제약도 없다'는 우버의 드라이버 모집 광고는 그야말로 매력적이다. 직장생활의 불편한 요소들을 전부 없앤 우버는 꿈의 직업처럼 여겨지며 전 세계로 시장을 확장해갔다. 드라이버의 수가 늘어나면서 고객과 기사의 접근성이 빨라지고, 기사간의 경쟁으로 - 고객의 평점이 기사등급에 반영된다 - 서비스의 질과 안전성도 높아졌다. 이러한 경쟁력 때문에 지난 5년간 우버의 순 매출액은 약 100배나 증가했다.

---

14) Melendez, Steven. How Uber Conquered the World in 2013. Fast Company, January 3, 2014. http://www.fastcompany.com/3024236/how-uber-conquered-the-world-in-2013.

최근 월스트리트저널(WSJ)이 작성한 보고서(2018년)에 따르면, 우버의 기업 가치는 1200억 달러로 미국 자동차 기업 빅3(피아트 크라이슬러, 포드, GM)의 시가총액을 합친 1122억 달러보다 높다고 평가한 적도 있었다.

출처:http://m.news.zum.com/articles/48249580

또 하나 대표적인 긱 이코노미의 예는 2008년 서비스를 시작한 에어비앤비(Airbnb)이다. 에어비앤비는 숙박업체(개인)와 투숙객을 이어주는 중계 플랫폼으로써, 전 세계 10만개 도시에서 700만개가 넘는 숙박공간을 보유하며 세계 최고의 숙박 공유 업체로 자리 잡았다.

IT전문잡지인 리코드(Recode)의 보고서에 따르면, 지난해 미국 소비자들은 힐튼 호텔보다 에어비앤비를 더 많이 이용한다고 보도했다.[15] 에어비앤비측은 2019년 2분기에는 10억 달러 이상의 매출을

---

15) recode, by Rani Molla. American consumers spent more on Airbnb than on Hilton last year(Mar 25, 2019). https://www.vox.com/2019/3/25/18276296/airbnb-hotels-hilton-marriott-us-spending.

올렸다고 밝힌바 있다. 그리하여 IPO(기업공개) 분석업체 르네상스 캐피털은 에어비앤비의 기업 가치를 310억 달러(약 37조원)로 보고했다. 현재 에어비앤비는 상장을 추진 중에 있어 공격적인 투자로 그 영향력을 더 키워갈 전망이다.

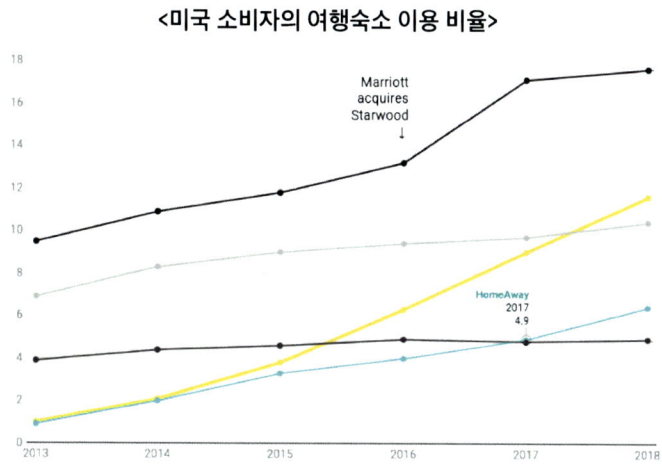

<미국 소비자의 여행숙소 이용 비율>

그밖에도 미국의 긱 이코노미는 다양한 형태로 빠른 성장세를 보여주고 있다. 근로자의 심부름을 대신해주는 '태스크래빗(Taskrabit)' 인력공급 플랫폼은 최근 가구업체인 이케아가 인수해 시장성을 넓혀갔고, 반려견 산책 플랫폼 '왜그(Wag)'는 미국의 절반 이상의 반려인구에게 환영을 받으며 매출을 향상시켜가고 있다.

■ 영국

맥킨지의 발표에 따르면, 영국의 독립 근로자는 약 1400만 명으로 총생산가능인구의 26%를 차지하는 것으로 나타났다. 영국의 독립 근로자를 세분화한 표를 보면 총 1400만 명 중 56%인 약 800만 명이 부차적인 수입을 목적으로 독립형 근로에 참여하고 있는 것으로 나타났고, 이를 주된 수입원으로 의존하는 인구는 약 600만 명인 44%를 차지한다.[16]

<영국의 독립 근로자 유형>

	주 수입원(600만 / 44%)	부 수입원(800만 / 56%)
선택적 노동 (1,000만 / 74%)	400만 / 32%	600만 / 42%
필요에 의한 노동 (400만 / 26%)	200만 / 12%	200만 / 14%

하지만 이 통계는 2016년의 자료로 조사 당시에도 부업으로 일하는 긱 근로자의 통계를 잡아내지 못해 그 규모를 축소해 파악됐다는 지적이 있다. 따라서 가계수입의 보완을 목적으로 긱 워크에 참여하는 근로자 수는 이보다 더 많을 것으로 추산된다.

영국의 대표적인 긱 이코노미업체로는 배달 서비스인 '딜리버루'를 꼽을 수 있다. 딜리버루는 전 세계 12개국, 84개 도시, 1만 6천여 개의 음식점을 두고 소비자에게 배달해주고 있다.(2016.8월 기준)

---

16) 영국의 온 디맨드 서비스 경제에서의 긱 근로자, 국제노동브리프(2016년 11월호 PP.43~55), 한국노동연구원. 이유나(영국 맨체스터대학교 개발정책 및 경영학 박사과정)

그들은 유명 식당이나 고급 레스토랑의 음식도 배달해주는 서비스를 통해 많은 이들의 호응을 얻고 있으며 현재 2만 명 이상의 배달 인력을 보유하고 있다. 딜리버루의 기업 가치는 10억 달러 이상으로 평가받는다.

■ 중국

중국의 경우에는 이미 세계에서 가장 큰 인터넷 시장을 가지고 있는 나라로써 긱 이코노미의 규모 역시 빠르게 스며들고 있다.

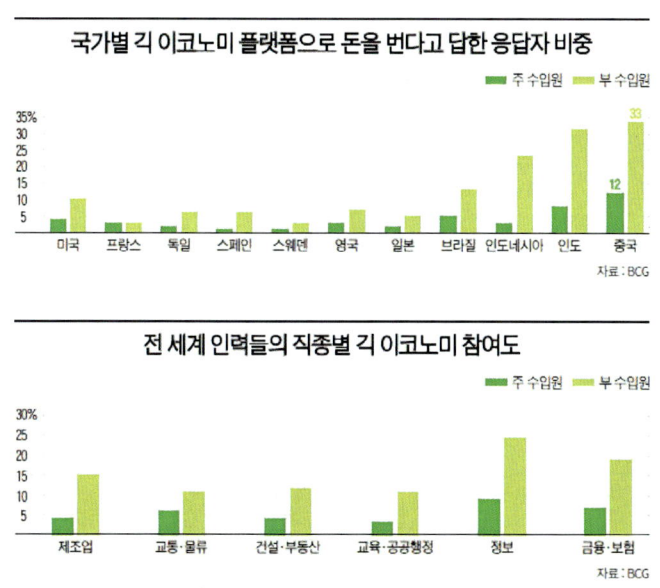

2018년 5월 BCG에서 전 세계 11개국의 근로자 1만 1000명을 대

상으로 긱 근로자로 일해 본 경험을 조사한 결과, 실제로 디지털 플랫폼을 통해 부업을 하고 있다는 중국인 응답자수는 33%에 달했다. 또한 주 수입원을 포함해 긱 이코노미로 소득을 올리고 있다고 답한 응답자를 모두 합치면 55%에 달한다고 보고됐다. 2036년까지 중국의 4억 명의 노동자가 긱 이코노미에 고용될 것으로 알리바바 그룹과 제휴된 싱크탱크인 알리리서치(Ali Research)는 전망했다.[17]

중국의 긱 이코노미를 대표하는 운송 플랫폼업체인 디디 추잉(Didi Chuxing)은, 2017년에 15대 인터넷 기업(시가총액 기준)에 포함되는 성과를 올린바 있다.

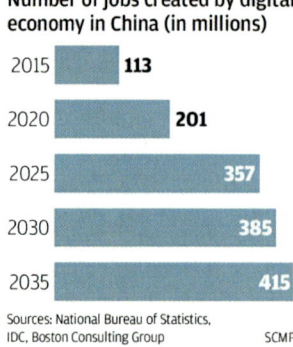

■ 필리핀

국제 금융솔루션을 제공하는 페이오니아(Payoneer)의 '2019 글로

---

17) Pots of gold await in China's gig economy: how mobile technology is transforming the world's biggest jobs market,
https://www.scmp.com/tech/china-tech/article/2073048/pots-gold-chinas-gig-economy

벌 긱 이코노미 지수' 보고서에 따르면, 필리핀은 세계에서 6번째로 빠르게 긱 산업이 성장하는 국가로 꼽았다. 그들은 디지털 기술과 높은 인터넷 보급률에 힘입어 더 많은 필리핀인들이 프리랜서를 선택하고, 수익도 35%나 증가했다고 밝혔다.

필리핀 프리랜서는 정보 통신 기술(ICT) 분야에서 디지털 기업가 및 프리랜서로 일하도록 도와주는 Digital Jobs 교육훈련 같은 정부 초기 지원을 받는다. 이 훈련을 통해 712명의 프리랜서들이 온라인 일자리를 찾는데 도움을 주었다고 밝혔다. 정부는 도시 산업화에 소외된 시골 사람들에게 의미 있는 일을 제공할 수 있는 긱 이코노미의 잠재력을 인정하고 있다.

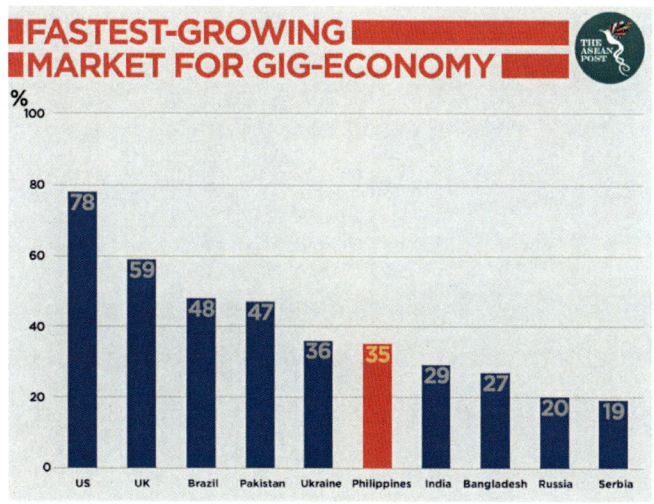

Source: Payoneer, 2019

옥스퍼드 인터넷 연구소(OII)는 온라인 플랫폼에 대한 실시간 모니터링을 통해 필리핀이 온라인 노동력의 5위 공급국이라는 사실을 밝혔다. 필리핀 프리랜서들의 대부분은 업워크(Upwork)나 프리랜서(freelancers) 같은 프리랜서 온라인 플랫폼을 사용하고 있다. 필리핀 프리랜서들이 참여하고 있는 많은 종류의 일에는 데이터 입력/인터넷 리서치(34%), 가상 비서(13%), 고객 서비스(8%) 등이 있다.[18]

■ 싱가포르

싱가포르는 긱 이코노미에 흥미로운 견해를 보여주고 있다. 그들은 현재 싱가포르의 고용주들이 겪는 최고 인재의 유치와 유지의 문제를 임시직 채용으로 극복하려는 움직임을 보여주고 있다.

Global Talent Management and Rewards Study 및 Global Workforce Study의 주요 결과, "긱 이코노미의 부상과 임시직 채용으로의 전환은, 업무 현장 기술력 발전에 더 쉬워졌으며 이는 지속적인 추세가 될 것으로 예상한다."고 말했다. 그들은 기존 비즈니스 모델이 급격히 붕괴되는 지금의 비즈니스 환경에서 직원은 고용 안전보다는 경력 보안에 중점을 두어야 하며, 임시직 근로자 커뮤니티에 효과적으로 참여해야 한다고 충고했다. 실제로 이 연구에 따르면, 유연하고 대체적인 근무 방식을 가진 근로자들이 더 적극적으로 일에 참여하고 있었으며, 그들의 고용주를 떠날 가능성이 낮았다. 따라서 고용주는 더 많은 임시직을 고용하는 방향으로 이동함에 따라 싱가포르가

---

18) The Asean Post, Philippines' fast-growing gig economy, Liyana Hasnan, 9 October 2019. https://theaseanpost.com/article/philippines-fast-growing-gig-economy

Source: Willis Towers Watson 2016 Global Talent Management and Rewards Study

https://www.hrinasia.com/news/singapores-rising-gig-economy-presents-new-workforce-challenges

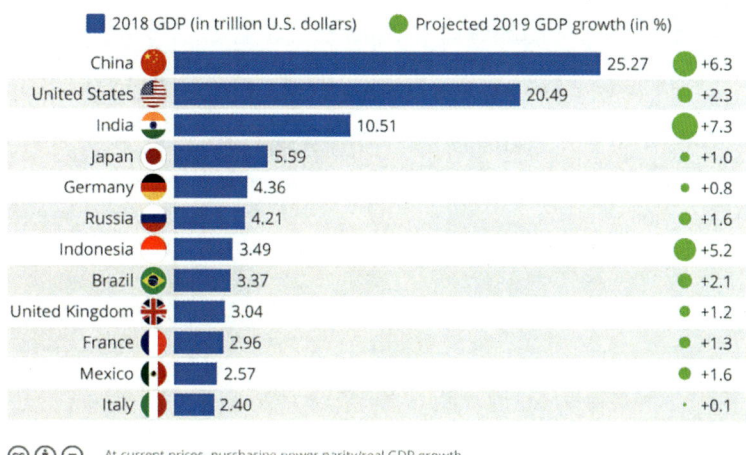

출처: https://assets.weforum.org/editor/responsive_large_iITAcprOvGa3GDbEy8ww2lkJ-gMyhriD-o21vUOrjBHg.jpg

겪는 기업 문제를 해결하려는 노력에 치중하고 있다. 그리하여 싱가포르는 향후 3년간 임시직 근로자의 59% 성장을 기대하고 있다.[19]

2020년에 아시아의 GDP는 전 세계 다른 국가의 GDP를 넘어설 것이고, 2030년까지 세계 성장의 약 60%를 차지할 것으로 예상되고 있다. 이러한 성장의 대부분은 중국, 인도 및 동남아시아의 개도국에서 나올 가능성이 높다. 그들의 성장 기반 중 하나가 긱 이코노미이다.

우리는 아시아 다국적 기업인 화웨이, 기술 DBS, 뱅킹 DBS, Unicharm 및 카오 개인 관리의 지속적인 출현을 목격하고 있다. 2019년 아시아에서는 140개 이상의 유니콘 기업[20]이 절정에 달했다. 국내에서도 긱 이코노미의 디지털 플랫폼 론칭은 다양해지고 있다. 최근에는 각 분야의 전문 인력과 연결하여 컨설팅 받을 수 있는 인력 전문 플랫폼도 등장했다. 이처럼 자신만의 특기를 살려 주수입 또는 부수입원으로 경제적 활동에 뛰어들도록 하는 디지털 시장은 항상 열려있다. 이러한 긱 이코노미의 근로 형태는 앞으로도 다양한 업종으로 뚜렷해질 것이라는 게 전문가들의 진단이다.

---

19) HR in Asia, Singapore's Rising Gig Economy Presents New Workforce Challenges, February 28, 2017.https://www.hrinasia.com/news/singapores-rising-gig-economy-presents-new-workforce-challenges
20) 유니콘 기업(Unicorn)은 2013년 벤처 투자자인 에일린 리(Aileen Lee)가 처음 사용한 용어로, 기업 가치가 10억 달러(=1조원) 이상인 비상장 스타트업 기업을 말한다. 스타트업 기업이 상장하기도 전에 기업 가치가 1조원 이상이 되는 것은 마치 유니콘처럼 상상 속에서나 존재할 수 있다는 의미로 사용된다. 대표적인 유니콘 기업에는 미국의 우버, 에어비앤비, 중국의 샤오미, 디디추싱, 한국의 빗썸, 쿠팡 등이 있다.[출처:위키백과]

6. 한국의 긱을 만나다

국내에서도 긱 이코노미의 바람은 거세다. 앞서 설명했듯이 긱 이코노미는 거스를 수 없는 대세이며 이미 무서운 속도로 성장세를 이어가고 있다. 한국을 대표하는 긱 이코노미 기업으로는 운송과 배달 위주의 업체가 강세를 보이고 있으며, 전문적인 지식이 없어도 누구나 지원 할 수 있어 높은 관심을 받고 있다.

■ 타다

타다는 VCNC가 2018년 10월에 출시한 모빌리티 플랫폼이다. 자동차를 빌리면 운전을 해주는 기사까지 함께 따라온다. 타다 앱으로

이용 가능하며 2019년 5월9일 기준 운행 차량은 1000대, 회원은 50만 명에 달한다.[21]

타다 회사는 타다 드라이버를 모집하는데 월급으로 받는 드라이버와 긱 이코노미로 원하는 시간에 일하는 드라이버 중에 선택해서 지원할 수 있다. 타다 드라이버는 전업과 부업을 선택해서 지원할 수 있으며 원하는 요일과 시간을 선택할 수 있다. 타다에 따르면 타다 드라이버의 본업과 부업 비율은 각각 55%와 45%며, 타다 드라이버 중 절반 이상이 45세 미만이었다.

타다의 박재욱 VCNC 대표는 기자회견에서 "1년의 타다 운영기간 동안 타다 운전자는 9000명을 넘어섰다"며 "타다 드라이버의 사회적 인식이 좋은 만큼 긱 이코노미 기반의 새로운 일자리를 창출했다는 의의가 있다"고 설명했다.

타다 서비스 론칭 1년 만에 9000명의 드라이버가 몰릴 수 있었던 이유는 '자유로운 업무시간'과 '안정적 소득' 등 젊은층들이 선호하는 요인들과 긴밀히 연결돼 있다. 드라이버들이 타다를 일자리로 선택한 이유(중복 응답)로 가장 많이 언급된 것은 '자유로운 업무시간과 일자리 선택권(75%)'이었다. 이어 소득의 안정성 34%, 업무 강도 13%, 사회적 인식 8% 순으로 집계됐다. 타다 드라이버의 평균 수입은 312만9190원(한 달 25일, 일 10시간 운행 기준)으로 집계돼 일자리 선택권 확장과 함께 충분한 소득도 얻는 것으로 조사됐다.[22]

---

21) 네이버 지식백과
22) http://economy.chosun.com/client/news/view.php?boardName=C03&page=1&t_num=13606555:

그러나 타다도 기존 법제도와의 부딪힘과 택시업계와의 갈등 앞에서 그 꿈을 접을 수밖에 없었다. 법원에서는 여객자동차 운수사업법 위반 혐의로 기소된 타다 경영진들에게 무죄를 선고했지만 2020년 3월 5일에 국회에서 타다 금지법이 통과됨으로써 타다는 운행 중지되고 말았다. 이는 규제가 변화의 속도를 따라가지 못한 사회적 갈등의 예이다. 향후 우리나라 긱 이코노미로 발생되는 갈등에 대한 대표적인 판례가 될 가능성이 높아 아쉬움이 크다.

■ 쿠팡 플렉스

쿠팡은 온라인 앱으로 물건을 구매하면 택배로 배달해주는 쇼핑 앱이다. 쿠팡은 로켓배송을 해주는 정규직원인 '쿠팡맨'의 배송 서비스 외에 2018년 8월부터 일반인들이 자신의 차를 이용해 물건을 배송하는 '쿠팡 플렉스'란 서비스를 선보이고 있다. 심야 시간에 일할 수 있는 이들은 '투잡'을 하기도 하고, 낮에 아이를 어린이집이나 학교에 보내놓고 집 근처 배송에 나서는 주부들도 있다. 모두 하루 단위로 고용되는 '쿠팡 플렉서'들이다.

쿠팡은 2018년 10월 새벽 배송 서비스를 시작하면서 쿠팡 플렉서를 확대됐다. 새벽 배송은 자정 이전에 주문하면 다음날 오전 7시까지 배송해주는 서비스로 2015년 100억 원에서 2018년 4000억 원까지 성장했다. 마켓컬리를 시작으로 이마트, 현대백화점, 롯데슈퍼 등 유통업계가 새벽 배송 서비스에 사활을 걸고 있다.

쿠팡이 상대적으로 늦게 새벽 배송 서비스에 뛰어들었지만 쿠팡맨 3000명과 쿠팡 플렉서 수만 명을 투입해 효과를 보고 있다. 쿠팡에 따르면 2019년 1월 중순 기준 플렉서 누적 지원자는 30만 명, 하루 평균 4000명에 달한다. 2018년 11월 누적 지원자 10만 명에서 세 배 증가한 수치다.[23]

■ 배민커넥트

배민커넥트는 '배달의 민족' 앱[24]에 등록되는 배달 서비스이다. 그들은 $2km$이내 근거리 주문에 대해서만 일반인 배달 기사가 배달할 수 있게 한다. 일반인 배달 기사는 배민에서 교육을 이수한 후에 원하는 시간에, 원하는 시간만큼, 자기가 가진 운송수단(오토바이, 킥보드, 자전거)을 이용해 배달하며 돈을 번다. 남녀노소 누구나 가능하며 원하는 시간에만 일할 수 있기에 투잡이 가능하다.

---

23) https://m.post.naver.com/viewer/postView.nhn?volumeNo=17924102&memberNo=35002835&vType=VERTICAL
24) 배달의 민족은 우아한 형제들이 만든 음식 배달 중개 어플리케이션이다.

다른 배송일은 시작하는 시간과 끝나는 시간이 정해져 있다. 반면에 배민플렉스는 일하는 시간을 본인이 결정할 수 있다. 일을 하고 싶을 때 앱을 켜서 시작 버튼을 누르면 근거리에 배달할 수 있는 물건의 알림이 온다. 본인이 배달을 그만 하고 싶으면 앱을 끄면 그만이다. 진정한 긱 이코노미를 체험할 수 있는 서비스이다. 이와 비슷한 업체로 쿠팡이츠, 우버이츠가 있다.

■ 디버

LG유플러스 사내 벤처 '디버(dver)팀'이 크라우드 소싱(crowd sourcing)[25]에 기반한 당일 배송 플랫폼 '디버'를 출시했다.

디버는 승용차·오토바이 등 운송수단을 보유한 사람이라면 직장인, 주부, 대학생 등 누구나 디버의 배송기사로 등록해 원하는 시간에 퀵서비스를 제공할 수 있는 플랫폼이다. 고객이 서비스를 신청하면 디버에서 거리·평점 등을 고려해 배송기사를 자동으로 배정해 준다. 이는 우버 서비스와 비슷한 구조를 가지고 있다. 아직 본격적인 서비스 시행 전이지만 기업의 탄탄한 지원을 받으며 성장할 가능성이 농후하다.

이밖에도 한국의 긱 이코노미 업체는 수없이 늘어나는 추세다. '요기요', '카카오 택시', 현지인이나 유학생이 직접 여행 가이드를

---

25) 크라우드 소싱은 대중(crowd)과 아웃소싱(outsourcing)의 합성어로 기업 활동 일부 과정에 대중을 참여시키는 것을 의미한다.

해주는 '마이리얼트립' 등 더욱 다양한 분야에서 많은 플랫폼이 출시되고 있다. 이러한 플랫폼 업체는 빅데이터를 통해 고객의 수요를 파악하고 노동을 맞춤형으로 연결하는 방식에서 소비자의 만족도도 높다. 그렇기 때문에 앞으로는 더 많은 플랫폼에서 서비스를 제공하는 긱 근로자들이 대거 생성될 것이 자명하다.

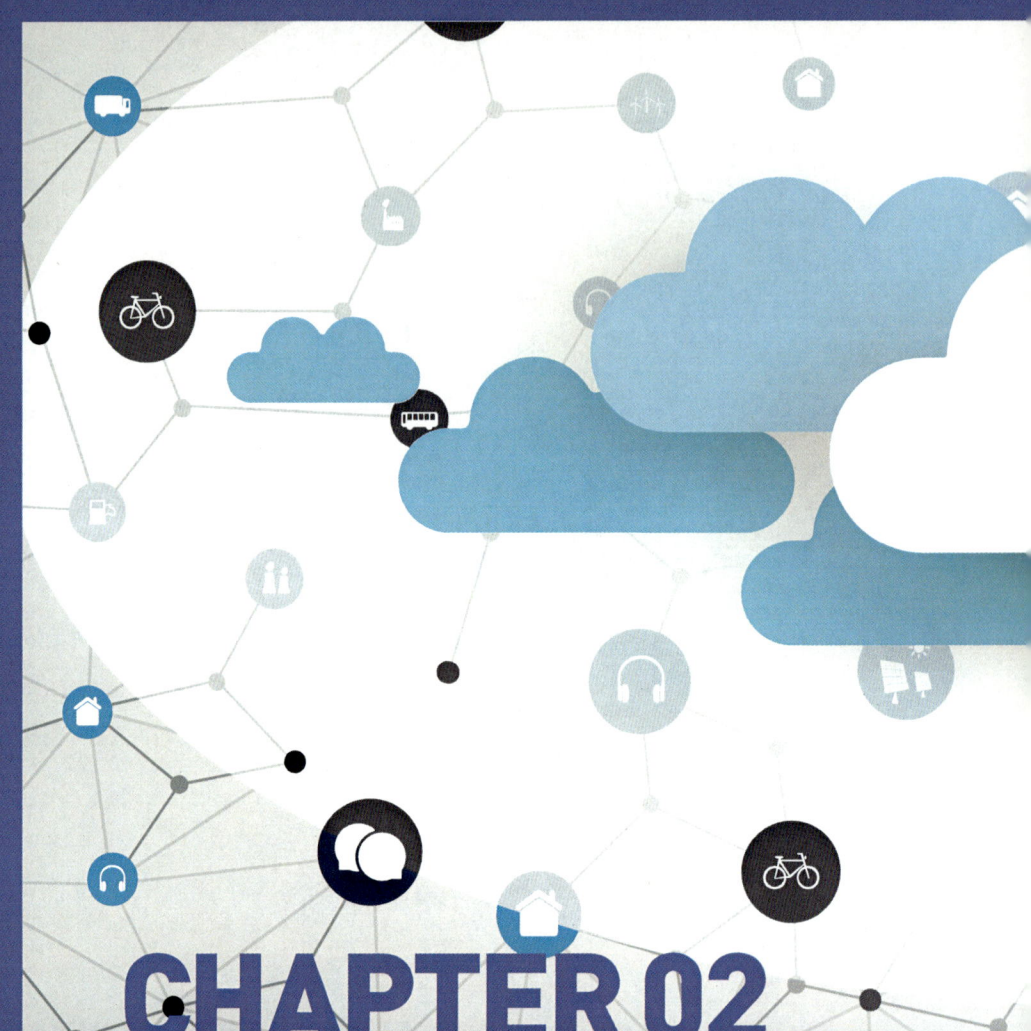

CHAPTER 02

디지털에서 노동을 사고파는
긱 워커
gig Worker

지금은 고인(故人)이 된 배우 김주혁 씨가 주연으로 나온 <어디선가 누군가에 무슨 일이 생기면 틀림없이 나타난다 홍반장>이란 영화가 있다. 이 영화는 주인공 홍두식이 작은 마을에서 벌이는 활약상을 그린 것으로, 무슨 일을 하든 어김없이 나타나서 허접한 일들을 도맡아서 하는 홍반장의 모습을 보여준다. 그는 동네 반장이면서, 자장면 배달, 편의점 아르바이트, 분식집 서빙 등을 하는가 하면 라이브 카페에서 통기타를 치며 노래를 부르는 가수가 되기도 하고 심지어 선박 수리까지 해내며 바둑의 고수이기도 하다. 다재다능한 그의 재주 때문에 홍반장은 마을에서 없어서는 안 될 존재이다.

이러한 홍반장이란 인물은 긱 이코노미의 모습을 그대로 보여주고 있다. 한 인물이 여러 일을 능숙하게 해내는 모습은 다소 비현실적으로 보이지만 긱 이코노미 시대에는 그것이 현실이 되어버렸다. 이제는 한 사람이 하나의 일만 하는 시대는 지나고 여러 일을 하며 다양한 변신을 보여주는 멀티 직업의 시대를 맞이하고 있다.

1. 일하고 싶을 때만 하세요!

　평일 오전 A씨는 느지막이 일어나 동네 근처 카페에 빈자리를 찾아 앉았다. 그는 커피 한잔을 시켜놓고 컴퓨터를 켜 메일을 확인한다. 자신의 고객에게서 온 메일을 살펴본 후 그는 곧장 파일을 열어 작업을 시작한다.

　A씨의 직업은 번역가이다. 그는 몇 개의 일자리 플랫폼에 자신의 이력을 올리고 작업을 의뢰하는 사람들에게 건당 번역료를 받는다. 그의 직장은 동네 근처 카페이며, 그의 동료는 커피 한잔일 뿐이다. 그는 자유롭게 출근하고, 작업이 지루해질 쯤 퇴근한다. 가끔은 한 재능 공유 플랫폼에 강좌를 개설해 영어 강의를 해줄 때도 있다. 그 역시 본인이 원하는 시간과 날짜, 장소에 구애받지 않는 자유로운

공간에서 이루어진다.

A씨의 일은 모두 디지털 플랫폼 안에서 해결된다. 그에게 일을 부탁할 때, 일을 완료하고 전달할 때, 요구사항을 주고받을 때도 메일과 메신저로 확인이 가능하다. 껄끄러운 상사가 있는 것도 아니고 낯선 사람과 얼굴을 대면할 필요도 없다. 그래서 디지털 플랫폼에서의 일은 혼자 여유를 즐기기 좋아하는 그의 성향과 잘 맞는다. 나름 자신의 삶의 만족도가 높은 A씨는 '긱 워커(Gig worker)[01]'이다.

긱 워커는 일전에도 언급되었듯이 디지털 노동 플랫폼 업체를 통해 일하는 '플랫폼 노동자 또는 디지털 노동자'이다. 프리랜서의 개념과 조금의 차이가 있다면 긱 워커는 디지털 플랫폼을 활용한다는 점이다. 기존의 고용은 기업이 직원을 직접 채용해 소속되는 형태로

---

01) 비정규직 형태로 긱 이코노미 플랫폼을 통해 돈을 버는 사람들.

고객들에게 제품과 서비스를 제공했다면, 긱 워커는 디지털 시장 안에서 구매자(기업 혹은 소비자)의 수요에 따라 초단기 계약형태로 자신의 시간과 재능을 공급한다. 따라서 긱 워커는 특정한 누군가에게 고용되어 있지 않고 필요에 의해 일시적으로 고용돼 수입을 창출한다. 이러한 과정에서 플랫폼 일자리와 플랫폼 노동자가 등장하게 된 것이다.

긱 워커, 새로운 노동 트렌드로 부상

우버를 시작으로 전 세계적으로 긱 워커의 열풍은 거세다. 우리나라에서도 쿠팡이나 배달의 민족 등의 디지털 플랫폼 업체들이 급성장하면서 더불어 긱 워커의 수도 늘어났다. 한국노동연구원에서는 배달앱의 긱 워커만 해도 5000~1만9000명으로 조사되었다고 한다. 한국고용정보원이 국내 긱 워커를 조사한 결과, 국내 긱 워커의 수는 46만9000명~53만8000명에 이르며 전체 취업자의 1.7~2.0%인 것으로 드러났다. 또한 비정규직 노동자 중에서 플랫폼 노동자와 유사한 형태의 고용 노동자(파견, 용역 등의 특수형태)는 207만 명인 것으로 분석됐다. 이는 전체 비정규직 노동자의 약 31%에 해당되는 수준이다.(경기연구원(GRI))[02]

---

02) 경기연구원(GRI), 경기도형 노동회의소 설립방향에 대한 연구, 민병길(상생경제연구실연구위원). https://blog.naver.com/gri_blog/221448865017

이러한 조사결과를 보더라도 긱 워커는 국내 노동시장에서도 하나의 트렌드로 자리 잡았다. 앞선 A씨의 경우처럼 많은 긱 워커들은 정규직으로 근로하는 것보다 프리랜서로 일할 때의 장점에 더 높은 점수를 줬다. 개인적인 용무를 보며 일할 수 있는 '자율성'과 '유연성' 때문에 스스로 긱 워커가 되고 디지털 플랫폼을 적극 활용하는 것이다.

실제로 2015년 소프트웨어정책연구소(SPRi)가 국내 소프트웨어 개발자를 대상으로 향후 계획을 묻는 조사에서 응답자 중 31%가 프리랜서로 전향할 희망을 갖고 있다는 자료도 있다.[03] 만약에 현재 그들의 50%가 프리랜서로 전향했다고 가정한다면 전체 긱 워커의 규모는 두 배 이상으로 커졌다고 해도 과언이 아니다. 그래서 한국고용정보원과 과학기술정책연구원은 최근 발간한 미래 연구 보고서[04]에서는 2020년 발생 가능성과 사회적 영향력이 높은 미래 이슈로 **"플랫폼 노동 증가로 인한 특수고용종사자의 확산"**으로 꼽고 있다.

---

03) SPRi(2015.4) 2014년 한국 SW개발자 현황, 총 184명 조사 https://spri.kr/posts/view/6306?code=column
04) STEPI 아웃룩(Outlook)2020, 과학기술정책연구원. http://www.stepi.re.kr/app/report/view.jsp?cmsCd=CM0015&categCd=A0204&ntNo=26

투잡을 넘어 'N잡러[05]'의 시대

직업이 하나인 시대는 저물어가고 있다. 긱 이코노미가 불러온 직업의 세계 중 가장 큰 변화는 한 사람이 여러 직업을 가질 수는 'N잡러'들이 대거 생겼다는 점이다. 직장인 보다 상대적으로 시간에 자유로운 긱 워커들은 자신의 시간을 분배하여 여러 회사(수요자)와 계약을 맺고 일을 하는 경우도 많다.

가령, 웹디자이너로 일하는 프리랜서 B씨는 동시에 홍보문구를 작성하는 카피라이터로 일하기도 한다. 그녀는 디지털 노동 플랫폼에 자신을 등록해놓고, 평소 관심 있는 일이나 취미를 소일거리 삼아 하기 시작했다. 그렇게 크고 작은 일을 하며 B씨의 필모그래프는 다양하게 쌓여갔고 그만큼 그녀가 할 수 있는 일의 범위도 커졌다. 그 N잡 덕분에 그녀는 부수입을 톡톡히 챙기며 불규칙적인 주수입의 균형을 적절히 메워가고 있다.

이처럼 본업 외의 시간을 쪼개 긱 워커로 일하는 사람도 있는가 하면, 플랫폼을 통해 각개의 여러 일들을 갖는 이들도 적지 않다. 굳이 디지털 플랫폼을 활용하는 것이 꼭 수입적인 차원에서만도 아니다. 자기계발을 위해 혹은 B씨처럼 취미를 일로 발전시키는 사람도 훨씬 많을 것으로 예상된다.

---

05) 여러 직업(N잡)을 가지고 있는 사람.

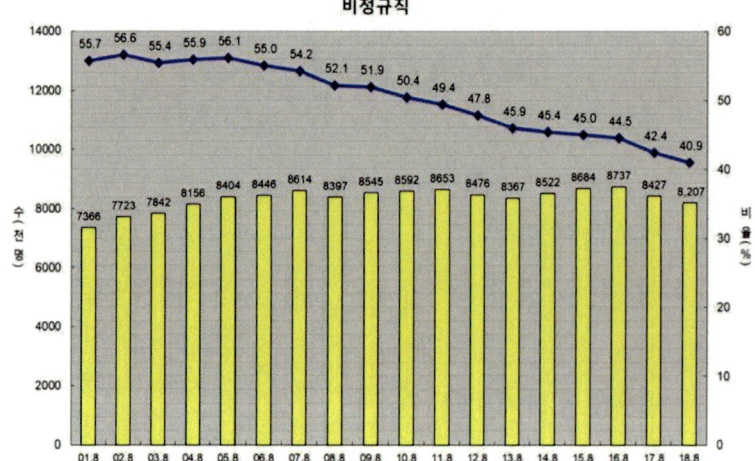

자료: 김유선(2018).

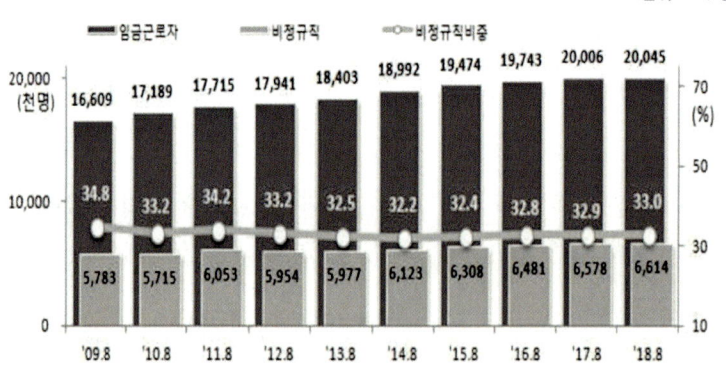

<그림 4-1> 전국 비정규직 근로자 규모 및 비중

주: 2018년 8월 기준.
자료: 통계청(2018), "경제활동인구조사 부가조사".

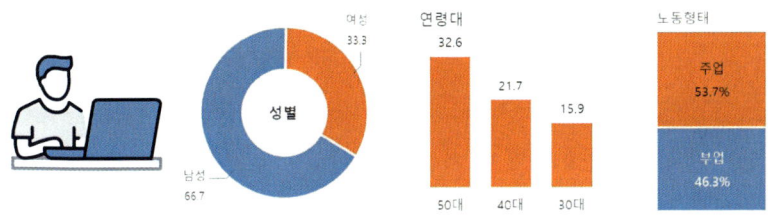

그렇다면 디지털 플랫폼을 통해 부업을 하는 N잡러들의 비중을 더하면 긱 이코노미에 참여하는 사람들의 비율은 몇 배로 늘어난다. 보스턴 컨설팅그룹(BCG)에 따르면, 긱 워크 플랫폼으로 부수입을 올리고 있다는 N잡러의 비율은 '미국이 10%, 독일 6%, 영국 7%' 등의 수준으로 거의 10%에 다다른다. 그들은 기존의 수입 외에 워크 플랫폼을 통해 부수입을 벌고 있다는 의미이다. 따라서 긱 워커는 노동의 유연성 외에 추가 경제적 수입도 동시에 챙기고 있는 셈이다.

'단순 인력'에서 '전문 인력' 시장으로 진화

초창기 긱 이코노미의 노동 인력은 운전이나 배달과 같은 단순 업무가 주를 이뤘었다. 그러나 최근에는 전문성을 갖춘 고급 인력들의 프리랜서 전향 비율이 높아지고, 기업들이 점차 계약직의 비중을 늘리면서 고학력의 전문 인력들이 플랫폼 시장에 등장했다.

실례로, 전 세계에서 이용자가 가장 많은 인력 플랫폼 '업워크'에서는 프리랜서 등록자가 1200만 명이 넘어섰고 등재된 카테고리만도 3500개가 넘는다. 소프트웨어 개발, 건설·부동산, 금융·보험, 교육, 미디어, 통신, 제조업 등 다양한 분야의 긱 워커들이 있으며 기업들은 이 플랫폼을 통해 숙련된 인력을 구한다. 맥킨지는 업워크와 같은 인력 플랫폼에서의 고용 비율(유럽연합(EU)의 고용 규모)을 2025년까지 2.5%로 증가될 것이라 전망하기도 했다.

업워크와 유사한 국내 긱 워크 플랫폼의 예도 있다. 현재 16만 명 이상의 프리랜서가 활동 중인 인력 플랫폼 '크몽'은 컴퓨터 프로그래밍, 디자인, 마케팅, 번역, 레슨, 문서작성 등 10개의 서비스를 제공하고 있다. 크몽의 발표에 따르면, "중소기업이나 자영업자들이 필요한 인력 수급을 위해 주로 활용한다"고 말했으며 현재까지 크몽에서 발생한 누적 거래액은 691억 원(2019년 기준)에 달한다고 한다.

따라서 긱 워크 플랫폼이 운전과 배달 위주였던 단순 노동의 시장에서 이제는 숙련된 전문가를 찾는 인력 시장으로 진화되었다고 해도 과언이 아니다. **"기업에서 쉽게 구하기 어려운 전문 인력을 구하는 통로로 긱 이코노미 플랫폼을 활용하고 있다"**는 분석을 내놓은 BCG의 보고처럼 긱 워커 시장은 한층 성숙했고 성장했으며 더 많은 가능성을 내포하고 있다. 그러므로 긱 워크 플랫폼의 세계를 단순히 직업의 자율성만으로 높은 점수를 줄 것이 아니라 무한한 기회의 장으로 바라보는 안목도 필요한 때이다.

2. 긱 워커 = 매전트슈머 (Magentsumer)

원래 '긱(gig)'이란 용어는 재즈계에서 먼저 흘러나왔다. 1920년대 미국 재즈클럽에서는 필요에 따라 그때그때 연주자를 즉석으로 섭외해 공연을 했는데 이처럼 단기로 섭외된 연주자들을 긱이라 불렀다. 그래서 gig이라는 영단어는 '공연', '임시로 하는 일'로 해석된다. 한 차례의 특정 공연 또는 하루 저녁의 공연을 위해 연주자를 고용하는 관행에서 유래한 용어지만 시간이 흐르면서 필요에 따라 '단기 프로젝트'로 고용계약을 하는 것으로 의미가 확대되어 다양한 종류의 일을 설명하는데 쓰이고 있다. 그래서 긱은 과거 각종 프리랜서와 1인 자영업자를 포괄하는 의미로 사용됐다가, 근래에는 온라인 플랫폼 업체와 단기 계약 형태로 서비스를 제공하는 공급자 모두를 의미하게 되었다. 차량, 숙박 등에서 시작된 이러한 고용 형태를 배달, 청소 등 여러 단순노동 서비스로 확장되었으며, 최근에는 변호사, 컨설팅 등 전문 인력이 참여하는 서비스로 진화하고 있다.

또한 gig 이란 단어는 실리콘 밸리의 geek들이 만든 단어이기도 하다. 'geek'은 실리콘 밸리에서 일하는 '괴짜들'이라는 뜻으로 이들은 앞선 창의력으로 생각지도 못했던 콘텐츠를 만들어 내곤해서 붙여준 별명이다. geek들이 만든 공유경제와 온 디맨드 경제에서 새롭게 만들어진 직업 안에 단기간 또는 건당 일하는 모든 근로자를 총칭하여 긱 워커라고 부른다.

이에 필자는 긱 워커의 속성만 모아서 그들에게 **'매전트슈머(Magentsumer)'**라는 명칭을 새롭게 붙여봤다. 긱 워커는 자영업자(Management)이며, 플랫폼과 최종 소비자를 중개해주고(Agent), 플랫폼의 1차 소비자(Consumer)이기도 하다. 이 세 단어를 조합하여 만든 것이 매전트슈머(Magentsumer)이다. 우리는 이미 프로슈머(Prosumer), 'product + Consumer ; 생산에도 참여하는 소비자'라는 신조어를 경험한 적이 있다. 긱 워커는 '페인킬러(painkiller)'란 별명도 있는데 이는 '소비자들을 위해 당장의 불편을 해결해주는 해결사'라는 뜻이다.

다국적 컨설팅전문회사 맥킨지에서는 독립형 근로자를 다음과 같이 4가지로 구분했다. 이것에 대한 정리는 토머스 오퐁의 저서 「긱 워커로 사는 법」에서도 자세히 설명하고 있다.

※ 독립형 근로자 구분[06]

프리에이전트	정규직으로 일할 능력이 있지만 자발적으로 프리랜서가 되기로 한 사람들
시간제 긱 워커	정규직으로 일하면서 추가적인 수입이나 자아성취를 위해 틈틈이 긱 워커로 일하는 사람들
비자발적 긱 워커	정규직으로 취업하지 못해 어쩔 수 없이 긱 워커가 된 사람들
저소득 긱 워커	본업의 수입이 너무 적어 필요에 의해 긱 워커가 된 사람들

    이처럼 긱 워커의 삶을 선택한 이유들은 다양하다. 그러나 독립형 일자리의 발전과 더불어 긱 워커의 확산을 가져온 요인은 단 하나이다. 바로 **'디지털 노동시장의 구축과 다양성'**이다.

    초창기 디지털 노동은 운송, 배달, 심부름 등과 같은 형태로 각계의 지역권 안에서 주로 이루어지는 '지역 기반형 플랫폼'이었다. 그러다 디지털이 발전되어감에 따라 '웹을 기반으로 하는 플랫폼'의 수가 증가하고, 더 다양한 형태로 서비스화 되면서 그 범위와 규모가 점차 확대되었다. 특히 전문 직업군의 긱 워커들이 다수 디지털로 흡수되면서 중소기업이나 자영업자들이 필요한 인재들을 즉시 수급하는 용도로 활용하고 있어 많은 거래가 이루어진다. 그리하여 디지털 플랫폼 업체들은 더욱 빠르게 성장하고 안정성과 시장성도 높아지고 있는 추세이다.

---

06) 긱 워커로 사는 법(원하는 만큼 일하고 꿈꾸는 대로 산다), 토머스 오폿, 미래의창(2019.05.10)

이러한 플랫폼으로 인해 사람의 노동도 실시간으로 거래가 쉬워졌다. 기존에 프리랜서들은 개인적으로 일을 찾고, 보수와 근로시간을 정하는 데에 여러모로 애로사항이 있었다. 하지만 플랫폼이 정착되면서 업무 탐색이나 보수 수령, 근로시간 등의 문제가 자연스럽게 해결되었다. 게다가 자신의 재능과 여분의 재화만 있다면 누구나 공급자가 될 수 있다는 것도 플랫폼이 가진 중요한 특징이다.

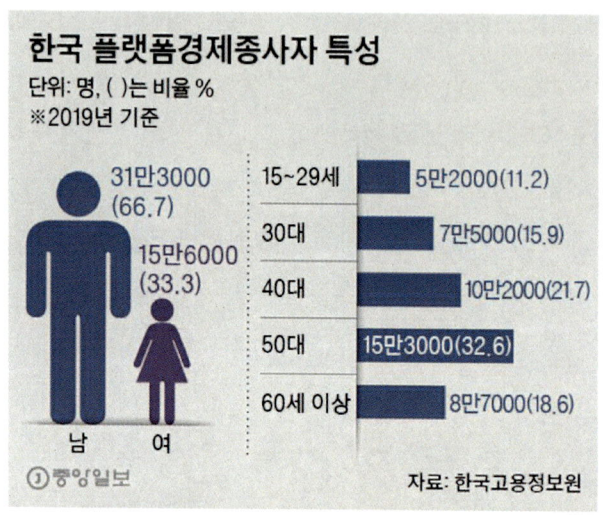

• • •
디지털 플랫폼과 긱 워커의 노동

긱 워커는 개개인이 작은 사업체와 같다. 그들은 누군가에 속해 있는 형태가 아니다. 예컨대 전 세계에 퍼져 있는 우버의 기사들을 살펴보면, 그들은 우버에 직접 고용된 것이 아니라 단지 '드라이버 파트너(Driver partner)'로서 존재하고 있다. 즉, 자신의 차량을 가지고 우버와 독립적인 관계로 계약하되, 우버 플랫폼을 통해 서비스를 제공하는 것이다. 이 과정에서 우버 기사들은 플랫폼으로부터 지속적인 일을 받고, 우버는 공급자와 수요자 사이의 거래를 성사시키는 조건으로 일정부분 수수료를 받으며 수익을 챙기는 것이다. 이러한 구조는 다음과 같이 설명된다.

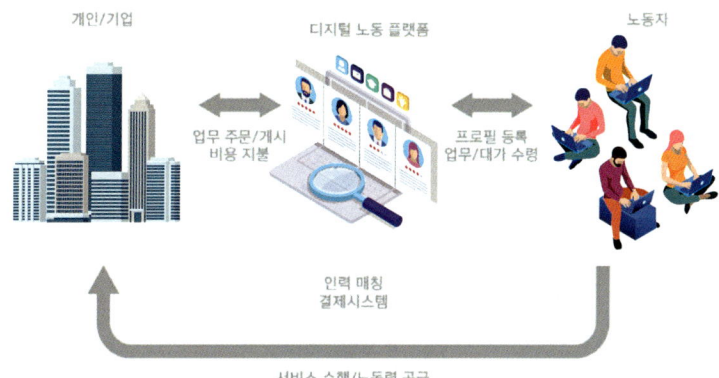

<디지털 노동 플랫폼과 긱 워커의 노동개요>
출처 : 한국은행국제경제리뷰(2019) 재구성

자료 : 한국은행(2019)

　　좀 더 자세히 설명을 하면 서비스를 판매하려는 긱 워커(공급자)는 재능마켓 플랫폼(중개자)이나 스마트폰을 통하여 본인의 재능판매에 적합하다고 생각한 곳에 가입한다. 본인 인증을 받은 후 자신의 서비스 관련 경력, 서비스 내용 및 가격과 이미지 등을 등록하고 플랫폼의 승인을 받으면 그때부터 서비스 판매가 가능하다. 판매 가격은 긱 워커 스스로 정하며 등록비용은 없다. 서비스 이용자(수요자)는 원하는 서비스 카테고리에 들어가 각 서비스에 대한 설명과 가격 등을 살핀 후 플랫폼을 통해 긱 워커에게 궁금한 사항을 문의하고 조건이 충족되면 플랫폼 기업이 관리하는 결제계좌에 서비스 이용료를 결제하여 구매 절차를 진행한다. 플랫폼은 서비스 이용료를 서비스 종료 후 긱 워커에게 지급하기도하고 긱 워커는 직접 받은 서비스 이용료 중 수수료만 플랫폼에 지불하는 경우도 있다. 서비스 이용자는 긱 워커의 서비스를 이용한 뒤 평가하면 거래 절차가 끝난다. 거래 수수료는 플랫폼마다 독자적인 정책을 가지고 있기는 하지만, 보통 거래 건당 거래금액의 5%에서 20% 수준이다. 일부 거래에 대해서는 수수료를 면제하는 곳도 있다.

디지털 플랫폼은 앞서 말한 것처럼 지역 기반형 플랫폼과 웹기반형 플랫폼으로 나뉜다.[07] 지역 기반 플랫폼은 해당 서비스가 제공되는 지역을 중심으로 운송, 배달, 청소와 같은 호출형 작업을 수행한다. 그리하여 수요자와 오프라인으로 직접적으로 마주하며 상호작용을 하는 것이 특징이다. 반면에 웹기반 플랫폼은 온라인 안에서 일을 연결시켜주는 것이라 할 수 있다. 따라서 웹기반 플랫폼의 노동은 지역적 제약이 없어 글로벌한 시장이 형성되며, 업무의 범위도 다양해지고 있다.

<긱 워커의 업무 수행과정 주요 내용>

자료: 미 노동통계국(2018년)

1	플랫폼을 통해 서비스 수요자와 직접 연결돼 단기 업무 또는 프로젝트를 수령
2	근로시간 및 근로 여부를 선택 가능
3	업무를 오프라인 또는 온라인으로 수행
4	웹사이트나 모바일 앱을 운영하는 플랫폼 업체를 통해 대금(보수) 지급

---

[07] 국제노동규약(ILO)에 따르면, 플랫폼노동(Platform work)의 정의는 "온라인을 통해 플랫폼을 이용하여, 불특정 조직이나 개인이 문제해결이나 서비스를 제공하고 보수 혹은 소득을 얻는 일자리"로 규정된다. 이런 플랫폼노동은 웹기반과 지역기반으로 나뉜다. (ILO, 2018: OECD, 2019).

웹 기반 디지털 노동 플랫폼의 사례

긱 워커의 디지털 플랫폼 활용 사례는 주로 2가지로 구분된다. 첫째는 전문적인 일자리를 얻기 위한 플랫폼과 취미나 재능공유를 목적으로 하는 재능마켓 플랫폼이 그것이다. 둘 다 인력소싱 플랫폼이긴 하나 미묘한 성격차이를 보여준다.

전문인력채용 중개 플랫폼은 기업과 전문 기술을 가지고 있는 긱 워커를 연계해주는 프리랜서 플랫폼의 성격을 띤다. 이러한 플랫폼의 특징은 주 수요자가 기업이나 자영업자라는 점이며, 단기 프로젝트 수행을 위해서 혹은 계약직으로 긱 워커를 활용한다.

해외의 유명한 플랫폼 사례로는 '업워크(Upwork)', '프리랜서닷컴(Freelancer.com)', 소프트웨어 개발자 구인 플랫폼 '톱탈(Toptal)', 번역 전문 프리랜서 연결 '프로즈닷컴(Proz.com)' 등이 꼽힌다. 이 업체들은 전 세계적인 인력풀을 갖추고 필요한 인재들을 실시간으로 매칭해주고 있다. 한국에서는 2012년에 설립된 전문가 연결 플랫폼인 '크몽(Kmong)'이 유명하다.

● **업워크(Upwork)**
업워크는 기존의 이름인 오데스크(O-Desk)로 많이 알려져 있다. 2015년

Elance사와 대규모 합병이 이루어지면서 업워크로 새롭게 명칭이 변경됐다.

업워크는 1천 2백만 명의 등록된 프리랜서와 5백 명의 등록된 고객을 보유하고 있고, 제공되는 기술의 종류도 2700여 가지이다. 또한 매년 3백만 업무가 등록된다. 고용주들의 재고용 비율도 90%이상 되는 신임도 높은 프리랜서 시장 중 하나로, 연간 10억 달러 이상의 매출을 올린다.

● **톱탈(Toptal)**

톱탈은 소프트웨어 엔지니어, 디자이너 및 금융 전문가 등 전문성 있는 인재들을 위한 전용 네트워크이다. 전 세계적으로 많은 기업들이 IT 인력을 영입하기 위해 톱탈을 활용한다. 최근 수요가 가장 높은 직종으로는 엔지니어나 애널리틱스, 블록체인 기술 전문가 등이다.

톱탈의 특징은 직원들이 스크리닝 절차를 거쳐 직접 전문 인력을 선발하며, 기업이 긱 워커 채용 시 일정기간 수습을 가질 수 있다. 이때 회사에 맞지 않는 인재라 생각되면 서비스 이용료 지불을 하지 않아도 된다.

재능공유나 취미강좌 플랫폼은 최근 각광받고 있는 플랫폼 서비스이다. 특정분야의 전문가를 연결해주는 재능마켓들은 여가에 취미를 즐기려는 이용자들이 늘면서 급성장하고 있다. 이 플랫폼의 긱 워커들은 주로 개인 수요자와의 거래로 시간당 급여를 받거나 건별로 일을 수행하는 경우가 많다.

해외 유명한 플랫폼 사례로는 '파이버(Fiverr)'가 있으며 국내에서는 소프트뱅크벤처스, 미래에셋벤처투자 등으로부터 120억 원 규모의 투자를 받은 취미강좌 플랫폼 '클래스101', 핸드메이드·수공예 장터 '아이디어스', 숨은 고수들의 도움을 받을 수 있는 '숨고', 재능만 있으면 누구나 수업을 개설할 수 있는 플랫폼 '탈잉(Taling)'이 있다.

이러한 플랫폼은 최근 기업으로부터 적지 않은 투자금을 받아 긱 워커는 물론 디지털 플랫폼 시장의 이목을 끌고 있다.

● 파이버(Fiverr)

파이버는 온라인에서 다양한 서비스를 제공받을 수 있는 서비스 마켓플레이스이다. 업워크와 같이 커다란 프리랜서 시장으로 전 세계 7만5000만 명이 무려 60만개 이상 재능 서비스를 제공하고 있다. 파이버는 국내 디지털 플랫폼인 '크몽'이 벤치마킹한 회사로도 유명하다. 파이버의 특징은 웹사이트에서 어떤 서비스를 교환하거나 구매해도 5달러로 해야 하는 규정이 있다.

● 클래스101

클래스101은 다양한 분야의 크리에이터들이 취미 강의 동영상을 제공하고, 강의에 필요한 준비물 등을 구매할 수 있도록 하여 취미생활을 쉽게 할 수 있도록 돕는 플랫폼이다. 현재 요리, 홈트레이닝, 미술 등의 약 200여 개의 강의가 개설되어 있고, 120만 명 이상의 사용자가 이용하고 있다. 강의를 들은 수강생들은 플랫폼 내에 자신의 작품을 공유하고, 크리에이터로부터 직접 피드백을 받을 수 있어 플랫폼의 호응도와 만족도가 높다.

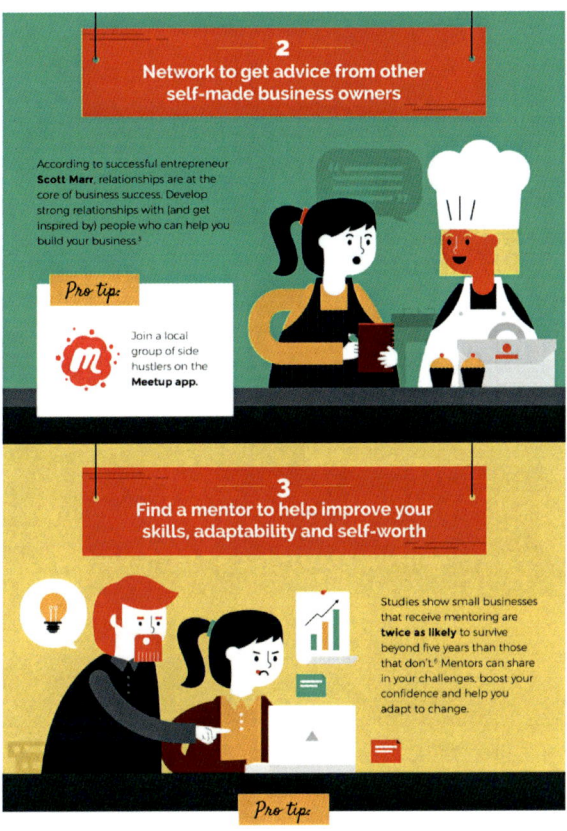

CHAPTER 02 디지털에서 노동을 사고파는 긱 워커

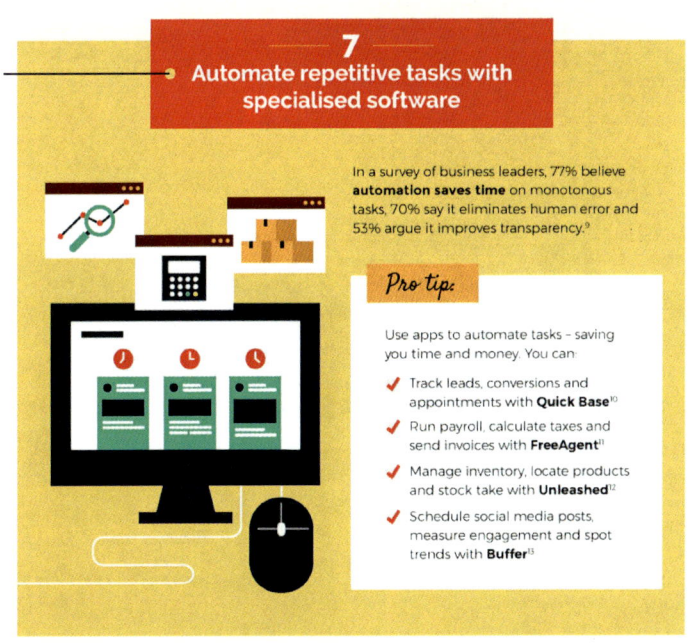

CHAPTER 02 디지털에서 노동을 사고파는 긱 워커 **111**

8
Define your free cash flow to spot growth opportunities

A survey from small business lender Ashley Finance found that **90% of UK small businesses fail** because of insufficient cash flow or working capital.[16]

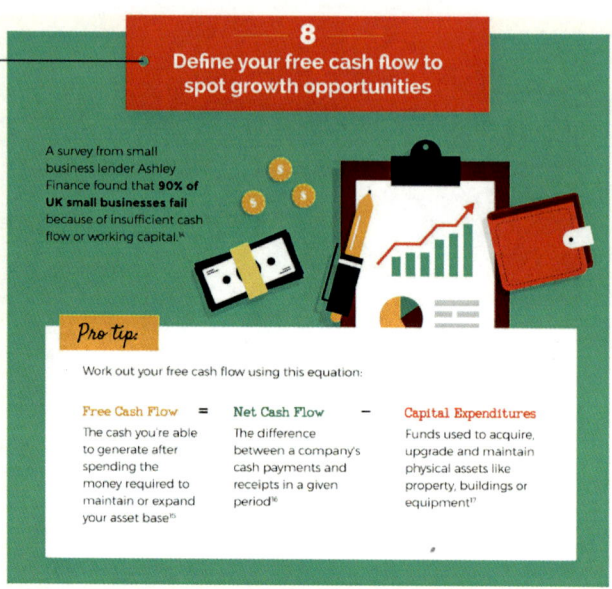

Pro tip:

Work out your free cash flow using this equation:

Free Cash Flow = **Net Cash Flow** − **Capital Expenditures**

The cash you're able to generate after spending the money required to maintain or expand your asset base[15]

The difference between a company's cash payments and receipts in a given period[16]

Funds used to acquire, upgrade and maintain physical assets like property, buildings or equipment[17]

9
Set long-term goals with short-term objectives

Brand specialist **Francisco Dao** emphasizes understanding what long-term goals mean on a daily basis. For example, if you want to increase annual sales by 24%, how many new customers or orders per day is that?[18]

❌ Increase annual sales by gaining new customers

✅ 10 new clients at $2,000 per month by January 2019

Pro tip:

To set a short-term goal for long-term success, think **SMART**:

Specific
Be clear, concrete and detailed about what you want to achieve

Measurable
Set milestones and determine how you'll measure success

Achievable
Plan small, manageable steps within your resources

Relevant
Align your goal with where you want your business to go

Timely
Motivate yourself with a challenging but realistic deadline

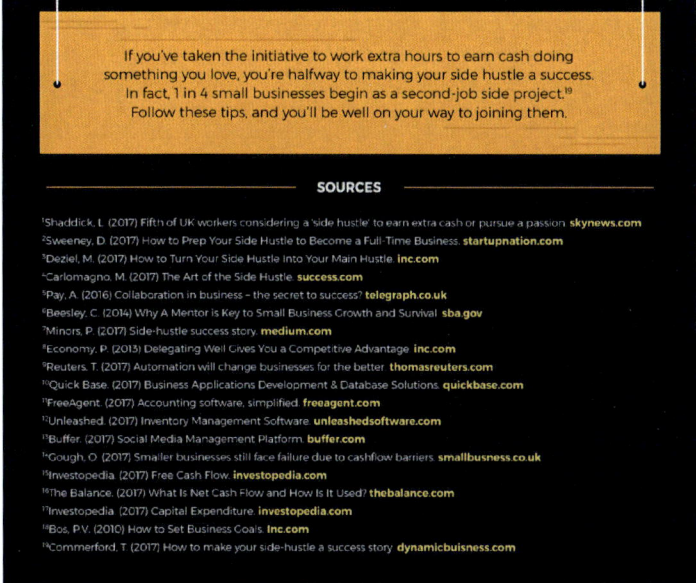

CHAPTER 02 디지털에서 노동을 사고파는 긱 워커

3. 돈이 되는 직업의 세대교체

"일하지 않는 자 먹지도 말라!"[08] 사도 바울은 데살로니가 그리스도인들에게 일을 하며 살 것을 강조했다. 노동이란, 인간이 가장 기본적으로 해야 할 소임으로 이를 소홀히 한다면 비판받아 마땅함을 일깨워주는 말이다.

불교에서도 노동의 관점은 다르지 않다. 중국 당나라의 선승 '백장 화해선사(百丈 懷海禪師)'는 90세의 나이에도 하루도 쉬지 않고 일과 수행을 게을리 하지 않았다. 이를 안타깝게 여긴 제자들은 선사의 일을 말렸지만 소용없었다. 그러던 어느 날, 꾀를 낸 제자들이 선

---

08) 성경 중 신약의 하나인 데살로니가 후서 3장 10절에 나오는 문구.

사의 농기구를 모두 감추어버렸다. 그러자 그는 식사를 금하며 방에서 나오지도 않았다. 이러한 선사의 행동에 제자들이 이유를 묻자 "내가 아무런 덕(德)도 없는데 어찌 남들만 수고롭게 하겠는가. 하루 일하지 않으면 하루 먹지 않는다(일일부작 일일불식, 一日不作 一日不食)."고 하면서 음식을 거부했다고 한다. 그리하여 선사는 '노동이 곧 덕(德)'과 같음을 제자들에게 자연스레 타이른 셈이다.

이렇게 볼 때 노동은 인류의 보편적인 생활논리이자 실천규범이라 할 수 있다. 노동 없이 인간사회는 지탱되지 않는다. 다만 시대에 따라 노동의 모습이 조금씩 변화하고 있을 뿐이다.

인류의 노동 역사는 원시 채집과 수렵 생활을 거쳐 농업시대와 3차례 걸친 산업혁명으로 이어진다. 농업시대에는 수공업과 더불어 가족과 도제 중심의 소규모 작업 형태였다. 이후 계급화 되고 시장이 넓어지면서 농업도 큰 규모로 발전할 수 있었다. 당시 농사와 어업, 수공업이 주로 이뤘던 노동은, 영국의 산업혁명이 일어나면서 달라진다. 사회가 공업중심으로 빠르게 전환되면서 농업은 쇠퇴의 길을 걷는다. 땅과 밭을 갈고 어업을 해왔던 사람들은 대거 공장에 흡수되는 고용의 시대를 열게 된다.

공업사회에서 인류의 노동 네 가지 부류의 직장인으로 나눈다. 경영진과 고급기술자(전문직), 중간 노동자(관리직), 단순 노동자가 그것이다. 인류의 노동은 기계 설비와 장비, 시설 등을 다루며 생산성을 높여갔다.

출처:The Antiplanner

　그러다 컴퓨터의 등장으로 인류의 노동은 대 혼란기를 맞이한다. 기계가 사람의 일자리를 대신하기 시작한 것이다. 2차 산업혁명 때에도 러다이트 운동(Luddite Movement)[09]이 일어났을 정도로 기술발달에 따른 일자리의 감소는 직장인을 위협하고 있다. 3차 산업혁명에서 우리는 어쩌면 직장인의 종말을 미리 봐왔을지도 모른다. 이제는 기존의 노동이 사라지고 디지털화에 맞춰 새로운 기술과 능력을 갖춘 노동자들이 필요하게 되었다. AI, IoT, 가상현실, 빅데이터, 블록체인 등과 같은 새로운 기술은 기존의 업무방식을 완전히 바꿔 새로운 직업군을 만들어내고 있다.

---

09) 18세기 말에서 19세기 초에 걸쳐 영국의 공장지대에서 일어난 기계파괴운동을 말한다. 이 운동은 비밀조직에서 만들어낸 가공인물 지도자 N.러드의 지도하에 조직적으로 전개되었기 때문에 러다이트 운동이라 한다. 산업혁명으로 인해 기계가 일자리를 대신하자 노동자들은 실업과 생활고의 원인을 기계로 돌리고 공장지대 기계들을 파괴했다. 그러나 계속되는 강경 탄압과 경기의 회복, 대공업의 진전으로 러다이트 운동은 끝났다.
참고:[네이버 지식백과] 러다이트 운동 [Luddite Movement, -運動] (Basic 고교생을 위한 세계사 용어사전, 2002. 9. 25., 강상원), (두산백과), (경제학사전, 2011. 3. 9., 박은태)

긱 이코노미에는 단순노동의 시대를 끝내고 창조적 인재의 시대를 맞이하고 있는 것이다. 디지털 혁명은 오프라인보다 온라인에서 더 많은 기회를 제공하고, SNS(소셜네트워크서비스)나 스마트폰 등이 정보소통의 창이 된다. 이를 통해 우리는 흥미로운 직업인의 탄생도 엿볼 수 있다.

새로운 직업인의 출현 '소셜 미디어와 크리에이터'

최근에 교육부와 한국직업능력개발원이 조사한 초등학생 장래희망 선호도에는 눈길이 가는 결과가 하나 있다. 바로 '크리에이터[10]'라는 직업이 운동선수와 교사 다음으로 3위에 올라있다는 사실이다.[11] 심지어 미국에서는 크리에이터가 장래희망 1위에 등록되었다고 한다. 이러한 결과를 보면 1인 미디어의 전성시대라는 말을 실감하는 대목이다.

초고속 네트워크와 모바일 환경이 좋아지면서 우리는 이제 시간과 장소의 제약 없이 음악이나 동영상 등의 다채로운 문화 콘텐츠를 만날 수 있다. 특히 1인 미디어의 시장이 커지면서 소셜네트워크서

---

10) 유튜브나 페이스북, 아프리카TV 같은 플랫폼에 채널을 만들고 직접 촬영한 영상을 올려 대중들과 공유하고 소통하는 이들을 일컫는다.
11) 교육부 '2019년 초·중등 진로교육 현황조사', 진료교육정책과.
https://www.moe.go.kr/boardCnts/view.do?boardID=294&boardSeq=79266&lev=0&m=02

비스(SNS)로 이름을 알린 인플루언서와 영상 콘텐츠를 업로드해 공유하는 1인 크리에이터가 탄생됐고, 이제 그것은 시대를 대표하는 직업으로 거듭나고 있다.

초창기 1인 미디어가 단순한 취미로 시작됐다면, 지금은 '돈이 되는 직업'으로 확실히 탈바꿈되었다. 모바일에 친숙한 유아에서 30대에 이르기까지, 크리에이터들의 인기는 아이돌 못지않다. 그들은 적게는 수만 명, 많게는 수백만 명의 구독자를 거느리고 있다. 그들이 영상 조회수로 벌어들이는 수입은 억대로, 광고수익까지 치면 수십억에 이른다. 일반 직장인으로서는 가히 상상할 수 없는 금액이다.

<국내 유명 크리에이터들의 수익률>

자료 : 한국전파진흥협회 '국내외 산업동향 MCN 및 기업실태 조사 보고서(2017년)'
기준:2019년 1월 14일 / 단위:명, 건

개인방송채널	분야	구독자	누적PV
제이플라뮤직	음악	1천65만	19억6791
정성하	연주	546만	15억9395만
포니신드롬	뷰티	477만	2억4534
웨이브야	댄스	330만	11억925만
밴쯔	먹방	307만	10억1666만
떵개떵	먹방	303만	14억189만
영국남자	일상	301만	7억5319만
허팝	일상	298만	19억4484만
보겸TV	일상	295만	12억7100만
어썸하은	댄스	286만	4억109만

그들은 긱 이코노미의 거대 포식자라고 해도 과언이 아니다. 이제 유명 인플루언서나 크리에이터들은 온라인에서 벗어나 오프라인에서도 활동무대를 넓히고 있다. 이들은 기업이나 방송사들과 협업할 정도로 존재감이 커졌고, 광고모델로서도 영향력을 발휘하고 있다. 그래서인지 요즘은 반대로 연예인들이 미디어 플랫폼 속으로 들어가는 양상도 눈에 띈다. 이러한 시대적 변화를 직시하면, 우리도 빨리 전통적인 직업관이나 플랫폼 시장에 대한 부정적인 시선을 벗어던져야 할 때이다.

P2P 플랫폼에서 자금을 모으는 전문직업인들

불과 몇 년 전만해도 좋은 아이디어가 있지만 정부나 금융권에게 투자 받기가 어려워 창업의 기회를 날려버리는 사람들이 많았다. 물론 청년창업이라는 대대적인 지원이 있었지만 이는 실상 허울 좋은 말뿐이다. 이래저래 까다로운 조건 때문에 진짜 맨몸으로 일어서야 하는 사람들은 시도조차 힘든 문턱이나 다름없었다. 하지만 최근에는 1인 사업가들이 아이디어를 실현하려는 과감한 도전들이 많아지고 있다. 그들에게 닫힌 기회의 문을 열고 문턱을 낮추게 해준 것은, 정부나 금융권이 아닌 바로 P2P플랫폼의 활성화 때문이다.

P2P는 개인과 개인 간에 이루어지는 거래를 중개해주는 온라인 플랫폼을 말한다. 특정 아이디어를 가지고 자금을 필요로 하는 긱

워커들은 이러한 P2P 플랫폼을 통해 불특정 다수의 대중에게 자금을 모아 꿈을 실현하기도 한다. 이것이 바로 '크라우드펀딩(Crowd-funding)'[12] 플랫폼이다.

크라우드펀딩은 군중을 뜻하는 영단어 '크라우드(crowd)'와 재원을 마련한다는 뜻 '펀딩(funding)'이 합쳐진 단어이다. 실제로 크라우드 펀딩 플랫폼에 자신이 제작하고자 하는 콘텐츠를 올려놓고 비용을 마련하는 사례도 많다. 공예·미술은 물론 도서, 음반, 영화, 공연 등의 다양한 아이디어 상품들의 투자를 받기 위한 직업인들이 대거 생성됐다. 그 덕분에 긱 이코노미에서는 누구나 창업의 꿈에 한발자국 다가갈 수 있게 됐다.

클라우드펀딩 외에도 P2P플랫폼에서 자금을 모을 수 있는 곳이 또 하나 있다. 요 몇 년 사이 가장 뜨거운 이슈로 떠올랐던 '블록체인'이다. 블록체인·암호화폐 생태계가 형성되면서 '암호화폐 투자자'라는 새로운 직업인들이 등장하기 시작했다. 이 새로운 긱 워커들은 암호화폐를 채굴하고 P2P가상화폐교환 플랫폼에서 거래하며 수익 창출을 노리고 있다. 대표적인 예가 비트코인이다.

알다시피 비트코인의 성장은 가히 충격이었다. 사토시 나카모토에 의해 탄생된 비트코인이 처음 등장했을 때에는 누구도 그것에 주목하지 않았다. 잠시 등장했다 사라질 것으로 예상했던 비트코인은

---

12) 자금이 부족하거나 없는 사람들이 프로젝트를 인터넷에 공개하고 목표금액과 모금기간을 정하여 익명의 다수(crowd)에게 투자를 받는 방식이다. 벤처기업의 또 다른 자본조달 방법이다. 출처:나무위키

오히려 미래의 화폐로 인식되며 가파르게 가격이 상승하여 2017년에는 1 BTC당 2천만 원을 상회하기도 했다. 4차 산업혁명과 더불어 엄청난 존재감과 건재함을 보여준 비트코인은 또 다른 암호화폐 시장을 여는데 커다란 기여를 했다.

또한 암호화폐는 새로운 직업인을 만들어내는 역할도 하고 있다. 실제로 블록체인 IT 전문가 외에도 암호화폐 전문 애널리스트[13], 토큰 경제 설계자[14], 블록체인 커뮤니티 매니저[15] 등으로 활동하는 이들이 늘고 있다.

앞으로 핀테크 혁명의 시작으로 불록체인 시장과 암호화폐의 역할은 더욱 커질 것이다. 따라서 P2P플랫폼을 현명하게 활용할 수 있는 긱 워커들이 그만큼 많은 기회와 수익을 창출 할 수 있다. 그러므로 암호화폐, 블록체인에 관심이 있거나 미래의 일자리로 고민하는 사람이라면 이와 관련된 일을 유심히 살펴보는 안목도 필요한 시점이다.

---

13) 대개 애널리스트와 비슷한 일을 한다. 암호화폐 시장 정보를 수집 · 분석 · 예측하여 기관투자자 또는 일반 투자자에게 투자자문을 제공하는 역할을 한다.
14) 토큰 경제 설계자는 암호화폐 시장에 뛰어들고자 하는 기업의 기존 사업모델을 분석해 토큰이코노미와 결합할 수 있는 구조를 설계하는 역할을 한다.
15) ICO나 블록체인 프로젝트의 붐업을 책임지는 역할로, 블록체인 프로젝트의 각종 SNS를 관리하고 콘퍼런스콜과 온오프라인 미팅, 밋업 등을 조직하는 역할을 한다.

4. 긱 워커의 성장을 위한 고민과 해결책

　근로자와 사용자 모두 원할 때 일하고 고용할 수 있는 환경은 꽤나 매력적이다. 긱 이코노미의 최대 장점은 바로 그것이다. 기업은 적합한 노동력을 합리적인 비용으로 고용할 수 있고, 근로자는 원하는 시간에 일할 수 있는 자유를 갖게 된다. 더욱이 노동 시장에서 새로운 문제로 등장한 경력 단절자나 은퇴자들도 긱 이코노미를 통해 좀 더 용이하게 일을 할 수 있는 기반이 마련된다. 디지털 플랫폼의 등장이 그동안 노동 시장에 접근이 어려웠던 '배제된 계층'에게는 고용의 기회를 넓히는 좋은 대안으로 떠오르는 것은 분명한 사실이다.
　그러나 긱 이코노미가 새로운 형태의 일자리를 창출하고 노동시장의 유연성을 키웠지만, 한편으로는 우려의 목소리도 적지 않다.

기업이 고용을 통해 일자리를 제공하던 방식이 무너지면서 직업(job)과 일(work)의 양극화가 두드러졌기 때문이다. 가령 전문성과 창의성이 요구되는 IT 개발자나 컨설턴트 같은 일의 경우에는 긱 이코노미가 매우 효율적이다. 고소득과 더불어 시간과 공간의 자유도 함께 얻을 수 있기 때문이다. 그러나 배달, 대리운전과 같은 단순노동을 하는 사람들은 낮은 임금과 불안정한 생활패턴 등으로 오히려 안정적인 경제생활을 누릴 수 없다.

게다가 고용의 질이 낮아져 비전문성의 보편화와 업무수준의 하향평준화를 가져온다. 노동의 형태가 비정규직 시간제와 영세한 자영업에 한정되어 있기 때문에 근로자의 경제적 위치는 더 낮아질 수밖에 없다. 그로인해 고용 및 업무의 질 또한 낮아진다. 결국 긱 워커는 노동의 거래비용 감소라는 위험성을 가지고 있어 '공유'보다는 일시적인 '임대'에 더 가깝다고 할 수 있다.

최근 미국에서 프리랜서를 주수입원으로 삼는 사람들을 대상으로 긱 워커로 가장 우려되는 점을 조사한 결과가 있었다. 그들은 아래와 같은 부분을 어려움으로 꼽았다.

1위
22%

비정규직으로서의
보험에 대한 걱정

2위
19%

예측하기 힘든
일감에 대한 걱정

첫째로 사회보험 등의 복리후생에 관한 문제였고, 두 번째는 소득 불안정을 꼽았다. 즉, 긱 이코노미가 일자리 문제를 해결하였다고 해도 정작 긱 워커들을 보호할 수 있는 사회적 안전망은 제대로 갖추고 있지 않다는 점을 여실히 드러낸다. 또한 긱 워커들의 커리어 성장에 대한 기회도 감소된다. 회사에서처럼 승진이나 임금 인상에 대한 기대가 없다 보니 커리어를 발전시킬 동기부여도 없어지는 셈이다. 이는 우리 사회가 정규직 경험만을 커리어로 여기는데다가 비정기적인 일로써는 전문적인 기술을 쌓기 어려운 환경 탓도 있다.

이러한 문제점은 국내 프리랜서들도 고민하는 부분이다. 긱은 이전에도 이루어졌던 노동이었음에도 불구하고 기존의 제도나 인식, 지원 시스템은 조금도 개선되지 않고 있다. 이 같은 점이 보완되지 않는다면 긱 이코노미는 일자리 혁신도, 진보도 될 수 없다. 이제 우리는 정규직·비정규직의 이분법적 시선에서 벗어나 노동의 문제를 다각적으로 바라볼 필요가 있다. 직장이 없는 시대에 긱 워커들의 전문성과 경제적 활동을 키우려면 최소한의 고용 안정성을 위한 울타리 정도는 만들어줘야 하지 않을까 싶다. 그것이 근로자의 질적 성장과 경제의 활성화를 부추기는 핵심 요소이다. 정부와 기업들은 이 부분에 있어 좀 더 심도 있게 고민하고 해결해나가려는 통찰과 노력이 필요하다.

플랫폼 노동자에 관한 시사점

2019년 6월, 프랑스 파리에서는 경제협력개발기구(OECD) 경쟁위원회 주재로 열리는 정기회의가 열렸다. 이 회의는 매년 두 차례 35개의 회원국 대표단이 모여 글로벌 이슈에 대한 각국의 정책 등을 공유하고 향후 공조할 수 있는 방향을 논의하는 자리이다.

당시 OECD 정기회의의 주제는 '노동시장에서의 경쟁 이슈'였다. 이는 거대 플랫폼 기업이나 독점회사 등이 노동시장에서 노동자와 소비자에게 어떤 영향을 미치는지를 짚어보는 자리였다. 또 하나 놓치지 말아야 할 중요한 쟁점도 있었다. 바로 '긱 워커의 보호 필요성' 논의였다.

전 세계적으로 플랫폼 노동자가 확산되면서 그들의 노동지위는 의견이 분분하다. 과연 **'긱 워커를 근로자로 분리할 수 있느냐?'** 의 관점 차이 때문이다. 이것이 중요한 까닭은 플랫폼 노동자가 근로자라는 명분이 있어야 4대 보험은 물론 법적인 보호를 받을 수 있어서이다.

사실 긱워크 플랫폼은 현행법상 고용주가 아니다. 그것은 중개인의 역할을 할 뿐이다. 그렇다고 해서 고용문제의 책임에서 완전히 벗어날 수도 없다. 엄연히 중개인의 역할을 하며 수익을 챙기기 때문이다. 그러므로 긱 워커들은 자영업자와 플랫폼 근로자 사이에서 묘한 줄타기를 하고 있는 셈이다. 이는 지난해 영국에서 제기된 '우버'와 '딜리버루'의 노동권보장을 요구하는 소송에서 여실히 드러난다.

소송의 내용은 이들 긱 워커들을 자영업자로 보느냐, 아니면 회사에 고용된 근로자로 보느냐의 문제였다. 당시 우버의 재판을 맡은 법원에서는 드라이버들의 손을 들어줘 최저임금 보장과 휴일수당 등을 지급하라는 명령을 내렸다. 그러나 딜리버루의 경우는 달랐다. 우버와 비슷한 고용형태인데도 딜리버루 배달원에게는 자영업자로 판단하여 노동자의 권리를 보호할 의무가 없다고 결론 내렸다.

이처럼 상반된 판결은 긱 워커에 대한 법적 모호성을 보여주는 대표적인 사건이다. 영국 하트퍼드셔 경영대학원의 우르술라 허우즈 교수는 "온라인 플랫폼에 대한 정확한 정의가 이루어지기 전까지는 법제화가 거의 불가능하다. 현재 가능한 것은 플랫폼들에게 스스로가 고용기관이 아님을 증명하도록 책임을 부과하는 것 정도다. 기존의 고용법과 사회보장 시스템은 21세기의 변화하는 노동 양상을 충분히 반영하지 못하고 있다. 이 부분에 대한 법 개정이 시급하다"고 말했다.

이러한 법적인 판결 시도는 유럽연합과 미국에서도 있었다. 2017년 12월 20일, 유럽연합(EU)은 차량 공유업체인 우버에 일침을 가했다. 유럽연합(EU)의 최고법원인 유럽사법재판소(ECJ)는 차량 공유업체인 우버를 '운송 서비스'로 봐야 한다고 판결한 것이다. 전 세계적으로 우버를 택시회사로 볼지 정보기술 기업으로 볼지를 놓고 논란이 일었었다. 그런데 유럽에서 만큼은 우버를 택시회사로 본다는 최종 결정이 내려진 것이다. "따라서 EU회원국은 우버 서비스가 EU법령에 따라 운영되고 있는지 확인하고 그 조건을 규제할 수 있다"고 결론지었다. 이번 판결은 EU회원국이 우버를 일반 택시 회사처럼 규제할 수 있는 법적 근거를 마련해줬다는 데에서 의미가 크다.[16] 이는 1차 판결뿐만 아니라 최종 판결 결과가 향후 긱 이코노미의 미래에 큰 영향을 미칠 것으로 본다.

이를 계기로 영국[17]과 미국 등의 선진국에서는 긱 워커의 법적 지위와 사회 안전망 등의 보호장치를 위한 제도적 개선에 한창이다. 또한 세계은행의 '긱 이코노미 규제' 기사에 따르면, "정부의 규제에 변화가 없다면, 프리랜서들은 실업수당, 병가 및 연금과 같은 전통적인 사회보호 시스템에서 계속 소외될 것"이라고 밝혔다. 국제노동기구(ILO)는 또한 국가들에게 시간제로 일하거나 임시직으로 일하는 사람들에게 그들의 노동보호를 확대할 것을 제안했다.[18] 위와 같은 공통된 움직임은 결국 긱 이코노미에 대한 속도 조절에 가깝다고 볼 수 있다.

---

16) 중앙일보, [J report] EU, 우버를 택시로 판정 … 역풍 맞은 '긱 이코노미', 2017.12.22
17) 영국 정부는 긱 이코노미의 성장을 위한 노동개혁의 일환으로 '좋은 노동(Good work)' 보고서를 공개했다. 보고서는 긱 노동자의 권익보호를 강조하여 △노동시간 고정계약을 요구할 권리 △영국 최저임금위원회(LPC)의 보호를 받을 권리 등을 보장해 긱 워커들이 적절한 사회적 보호를 받을 수 있도록 하자는 내용을 담았다. 출처 : https://www.sedaily.com/NewsView/1RVVOR3HOO
18) The Asean Post, Philippines' fast-growing gig economy, Liyana Hasnan, 9 October 2019. https://theaseanpost.com/article/philippines-fast-growing-gig-economy

긱 이코노미를 향한 화살, 캘리포니아 'AB5' 법안

미국은 긱 이코노미에 본격적으로 활시위를 당기고 있다. 2020년 1월, 미국 개빈 뉴섬 (Gavin Newsom) 캘리포니아 주지사는 플랫폼 노동자 보호를 위한 법률 'AB5(Assembly Bill No.5)'를 발효했다. 이로써 독립 계약자도 최저임금, 실업보험, 노동조합 가입 등의 근로자 기본 권리를 보장받을 수 있게 되었다.

물론 이에 대해 미국 플랫폼 기업들의 반발도 만만치 않다. 만약에 우버의 경우 AB5법안이 시행되면 매년 5억 달러(6000억 원)에 해당되는 비용이 근로자 복지로 추가 발생한다고 한다. 최근 3년간 누적 영업적자가 97억 달러(11조 6000억 원)에 달하는 우버 입장에서는 여간 달갑지 않은 일이다. 고용자 입장에서 인력이 필요할 때 상황에 맞는 계약직 근로자를 신속하게 고용하여 비용 절감 효과를 누리고자 하는 것이 플랫폼 노동의 장점이다. 이를 통해 소비자도 저렴하고 신속하게 서비스를 제공받을 수 있다. 하지만 우버가 운송업 규제를 받게 되면 '유연성'과 '비용 효율성'에 모두 타격을 받게 된다. 인건비 부담이 느는 반면 수익성은 낮아져 불가피하게 서비스 비용을 인상할 수밖에 없는 것이다. 그러면 결국 고객을 잃어버리는 악순환이 야기될 수도 있다.

따라서 우버는 배달 서비스 플랫폼인 포스트메이츠와 더불어 AB5 법안 위헌소송과 시행 가처분 소송을 제기했다. 아무래도 우버가 긱 이코노미의 출발이자 상징으로써, 우버의 행동에 '밴드웨곤 효과(Band wagon effect)[19]'가 발생하여 그 파급효과가 크다.

AB5 법안의 위헌소송과 시행 가처분 소송이 법원의 결정을 받기까지는 아직 시간적인 여유가 있다. 하지만 이미 우버를 따라 기업들이 반격을 가하고 있다. 기존에 작가, 번역가, 프리랜서 기자, 디자이너, 트레일러 운전사 등을 고용했던 기업들이 이들과 계약을 해지하기 시작한 것이다. 이는 법안을 피하기 위한 행동이다. 긱 워커들의 신분이 정규직원과 동등한 혜택을 누리면 우버처럼 기업들의 부담이 커질 수밖에 없기 때문이다. 이러한 행태는 플랫폼 노동자들을 보호하기 위한 사회적 안전망이 오히려 프리랜서의 생존을 위협하는 아이러니를 보여주고 있다. 또한 플랫폼 자본주의의 민낯과 양면성을 여실히 보여주는 사례로 씁쓸함을 안겨준다.

Plus Point +

AB5 (Assembly Bill No.5) 법안

플랫폼 경제 종사자 등을 노동법상 보호를 받지 못하는 독립 계약자로 만드는 것을 규제하는 법안으로 고용주가 노동자를 고용할 경우 ABC 테스트를 거쳐야 한다. 만약 이 사항에 하나라도 해당되지 않는다면 노동자는 '정

---

19) 밴드웨건(bandwagon)은 서커스나 퍼레이드 행렬의 선두에 선 악대차를 뜻한다. '밴드웨건 효과'는 사람들이 그 뒤를 줄줄 따르는 모습에서 비롯된 말로 어떤 선택이 대중적으로 유행하고 있다는 정보가, 그 선택에 더욱 힘을 실어주는 효과를 말한다. '편승효과'라고도 한다.

> 규직 근로자'로 인정받는다. AB5법이 명문화한 ABC 테스트는 아래와 같다.
>
> Ⓐ 회사의 지휘와 통제에서 자유로워야 한다.
> Ⓑ 회사의 주요 사업이 아닌 부분에서 일을 해야 한다.
> Ⓒ 회사의 업무와 독립적인 직업 또는 사업에 종사해야 한다.

국내의 플랫폼 노동에 대한 움직임

우리의 경우는 어떨까? 국내 근로기준법에도 플랫폼 노동자는 법적으로 노동자의 권리를 보호받지 못한다. 대개 플랫폼 업체와 개별적인 계약을 맺기 때문에 최저 임금이나 4대 보험 등의 보장은 꿈꿀 수 없다.

최근에 고용노동부가 음식배달 플랫폼인 '요기요'의 배달 대행 라이더들을 근로자로 인정한 사례가 있지만 법조계에서는 의견이 엇갈렸다. 긱 워커들이 일반적인 근로자처럼 수시로 업무지시를 받고 근로시간을 통제받는 것이 아니라는 점에서다. 또한 하나의 플랫폼만이 아닌 여러 플랫폼에서 일을 하기 때문에 종속성도 떨어진다는 데에서 부정적인 견해를 내렸다.

자료:연합뉴스

　이처럼 긱 워커의 근로자 개념이 명확하지 않아 긱 이코노미에 적잖은 부작용을 낳는 것도 사실이다. 최저 임금 및 사회 보장이 필요 없는 임시직을 늘려 고용의 질과 임금의 저하, 소득 안정성을 떨어뜨렸다는 지적도 상당하다. 이는 곧 한국 경제의 노동력으로 이어진다는 점에서 심각하게 받아들일 필요가 있다. 긱 이코노미가 좀 더 발전적이고 안정적인 구도로 나아가려면 플랫폼 노동자에 대한 제도적인 보호가 반드시 해결돼야 한다.

　물론 다행히 국내에서도 플랫폼 노동에 대한 대응이 이뤄지고 있다. 지난해 11월 대통령 직속 일자리위원회는 긱 워커에 대한 사회안전망 방안을 만들기 위해 태스크포스(TF)를 구성했다. 이에 앞서 서울시는 '플랫폼 노동자를 위한 표준계약서 마련 및 산재보험 도입'을 추진한다고 밝혔다. 앞으로 정부와 민간 기업이 플랫폼 노동자의 기본권 보장에 어떻게 대처할지 관심을 두고 지켜봐야 할 때이다.

　2030년 인류의 대부분이 긱 워커로 살아간다면, 그때 경제활동을 시작하는 사람은 지금의 중학교 재학 중인 자녀가 된다. 그들을 위해, 어떤 노동의 미래를 만들어갈지는 지금 우리 모두의 몫이다.

• • •
플랫폼 노동에 대한 인식 개선도 시급

2019년 2월, 국내에서는 안타까운 사건이 하나 있었다. 서울개인택시조합 강남지부의 김모씨가 여의도 국회의사당 앞에서 분신자살을 시도한 일이다. 다행히 그의 생명엔 지장이 없었지만 긱 이코노미의 어두운 단면 하나를 들춰낸 것만 같아 씁쓸한 일이었다. 그가 소중한 목숨까지 내걸며 격렬히 반대한 것은 카풀 서비스 출범을 저지하기 위한 것이었다. 승차 공유 서비스로 인해 일자리를 빼앗길 것이란 두려움이 컸던 게 원인이었다.

이와 유사한 사례는 스페인에서도 있었다. 현지 택시 업체들이 스페인의 수도 마드리드와 바르셀로나에서 차로를 막으며 시위를 벌인 것이다. 그 때문에 우버와 캐비파이가 영업을 멈췄고, 스페인 정부는 승차 공유 서비스를 규제하기 시작했다.

이처럼 긱 근로자와 기존 근로자 사이의 첨예한 대립은 긱 이코노미의 또 하나의 숙제이다. 기존 근로자들의 생계를 위협한다는 문제로 플랫폼 노동 생태계는 화살을 맞고 있다. 하지만 시대적 흐름은 막아선다고 해서 멈추는 것이 아니지 않은가. 플랫폼 노동을 바라보는 시선도 그러한 관점에서 받아들일 필요가 있다.

4차 산업혁명은 이미 진행되고 그에 발맞춰 사회적 환경도 변해 간다. 우리는 이러한 변화에 빠르게 적응하고 움직이지 않으면 도태되고 만다. 그러므로 플랫폼의 확산을 단순히 밥그릇 싸움으로 여기기보다는 새로운 경제활동의 일부로써 인식해야 한다.

그러기 위해서는 무엇보다 긱 워커와 기존 근로자가 상생하며 공존할 수 있는 방안을 마련하는 것이 시급하다. 정부는 긱 이코노미가 보다 안정화된 시장이 되기 위해서 법·제도를 명확히 정비하고, 플랫폼 업체와 기존 업체들의 이견을 조율해주어야 한다. 이러한 시스템의 관리 하에 긱 워커와 기존 근로자가 선의의 경쟁을 하며 질좋은 서비스를 제공할 수 있는 환경이 되도록 힘써야 할 것이다.

· · ·

플랫폼 수익분배 구조의 공정성 요구

긱 이코노미의 대표주자인 우버는 그 성장세만큼이나 진통도 매우 크다. 우버가 기업공개(IPO)를 앞둔 시점에 미국, 영국, 호주 등지에서 우버와 리프트 드라이버들의 대대적인 피켓시위가 벌어졌었다.

"우버는 들어라! 저임금과 장시간 노동, 병가 미준수 등의 관행을 바꾸지 않으면 당신네 알고리즘을 파괴할 것이다."

수많은 드라이버들은 우버를 향해 이같이 쓰인 플래카드를 펼쳐 들었다. 그리고 그들은 우버 서비스를 고객과 연결해주는 모바일 앱도 꼈다. 그들의 분노는 하루의 일당보다 추후 노동에 대한 합당한 대가를 요구하는 목소리였다.

우버는 승객과 운전자를 연결해주면서 건당 20~25%의 중개수수료를 받는다. 그러면서 세금은 내지 않고 운전자들에게 기본적인 복지혜택도 제공하지 않는다. 그들이 이익을 취하는 구조는 운전자에게 노동을 전가시켜 버는 불로소득인 것이다. 더욱이 운전자들이 분노하는 까닭은, 이러한 수익으로 우버는 주식공모를 통해 기업만 살찌우기를 하고 있기 때문이다.

우버의 IPO를 하루 앞둔 2019년 5월8일, 미국 샌프란시스코 우버 본사 앞에서 운전자들이 플래카드를 든 채 시위를 벌이고 있다.
[출처]블룸버그

비단 우버의 경우만이 아니다. 혹자는 디지털 플랫폼의 성장이면에는 근로자의 착취 구조가 있어서라고 주장하기도 한다. 「불로소득 자본주의」의 저자 가이 스탠딩은 **"숙박공유 비롯한 거대 플랫폼은 불로소득을 부채질하는 변칙 자본주의"** 라고 비판하며 **"거대 플랫폼 경제가 발전할수록 개인은 점점 부스러기화 되어간다"** 고 말했다. 그는 디지털 플랫폼이 빈부격차를 키우는 신 블로소득자로 성장하고 있다고 분석했다. 그리고 긱 워커를 불안정한 노동자인 '프레카리아트(precariat)'[20]로 분류했다.

긱 워커는 자유롭게 일을 하며 합당한 보상을 받는 것처럼 보이지만 실제는 그렇지 못하다. 건당 노동과 불규칙한 일감, 페이 지급의 불편함으로 불안한 생활을 이어가고 있다. 프로젝트를 수행하더라도 고용자가 대금을 미루거나 지급하지 않는 사례도 많다. 플랫폼 내에서는 대금 결제부분까지 완전히 책임지지 않는 경우가 대다수이기 때문이다. 이러한 결제 시스템의 미비와 무(無) 보장은 플랫폼 노동의 최대 취약점으로 꼽을 수 있다. 결국 가이 스탠딩의 말처럼 모든 권력과 부는 플랫폼 소유주에게 쏠린다고 해도 과언이 아니다.

그것이 어쩌면 자본주의 시대 새로운 지배계층의 얼굴인지도 모를 일이다. 우리는 이 사실을 경계해야 한다. 플랫폼이 이끄는 미래

---

20) 프레카리아트(Precariat)란 이탈리아어 '불안정하다(Precario)'와 노동자를 뜻하는 영어 '프롤레타리아트(Proletariat)'의 합성어로 영국의 경제학자 가이 스탠딩이 처음으로 주창했다. 인간의 노동이 대부분 AI로 대체된 미래 사회에서 임시 계약직·프리랜서 형태의 단순 노동에 종사하면서 저임금으로 근근이 살아가는 계층을 말한다. [네이버 지식백과] 프레카리아트 (매일경제, 매경닷컴)

노동의 흐름에 대비하지 않을 수 없다. 하루빨리 긱 워커와 플랫폼 간의 수익분배의 불평등을 근절하는 해법을 찾아야 한다.

이미 세계는 거대 플랫폼들이 자리하고 있다. 그들은 자본주주의 방향으로 긱 워커를 움직인다. 더군다나 긱 이코노미의 기술혁신을 바탕으로 플랫폼은 지속적으로 진화하는 특성도 있다. 이 거대한 흐름은 거스를 수 없다. 그렇다고 이를 가만히 보아 넘겨서도 안 된다. 새로운 자본주의의 손아귀에서 놀아나지 않으려면 우버의 드라이버가 피켓을 든 것처럼, 그들에게 일침을 가해야 한다. 지속적으로 플랫폼 노동의 구조적인 문제점들을 냉정하게 파악하고 보완을 모색해야 한다. 어떤 기술로 진화해야 **'사용자 모두에게 공정한 소득분배와 혜택'**이 주어지는지를 고민해볼 때이다.

5. 긱 이코노미 패러독스 (Paradox)

바둑을 둘 때에 '입계의완(入界誼緩)'이란 말이 있다. 이는 경계를 넘어 들어갈 때는 천천히 행동하는 것이 당연하다는 뜻이다. 즉, 정확한 형세판단으로 내가 지금 불리한지, 유리한지를 알아야 약간의 무리를 무릅쓰고라도 일전을 불사할 것인지, 평화를 택할 것인지, 깊이 뛰어들 것인지 혹은 가볍게 삭감만 할 것인지를 결정할 수 있다는 지혜이다. 긱 이코노미에 대한 기대와 우려를 함께 살펴보는 것도 긱 이코노미의 양면성을 가능한 객관적으로 보고 판단하려는 노력이다. 상황을 객관적으로 보아야 현상에 대해 혼란에 빠지지 않고, 그 속에서 새로운 기회를 발견하기 용이하기 때문이다.

긍정적으로만 보면 숨은 리스크를 발견하기 어렵다. 반대로 부정적으로만 보면 최적의 해법과 타이밍을 찾기 어렵다. 위기와 기회의 가능성을 미리 통찰해봄으로써 현재와 미래에 대한 새로운 사고를 확장할 수 있다. 그리하여 긱 이코노미 시대를 참여하는 사람들에게 생각과 행동을 바꾸는 동기를 부여하여 '더 나은 미래'를 만드는 초석을 마련하는 것이다.

혁신(일자리 창출)이냐? 밥그릇 싸움(일자리 뺏기)이냐?

긱 이코노미가 '새로운 직업의 기회'인지, '기존 근로자들을 내몰고 있는지'의 판단은 내리기 힘든 양날의 검이나.

보스턴컨설팅그룹(BCG)의 「새로운 프리랜서들! 긱 이코노미에서 재능 활용하기」라는 보고서에서 전 세계 11개국의 긱 워커 - 한번이라도 일 해본 경험이 있는 사람 - 를 대상으로 플랫폼 노동에 대한 설문조사를 한 적이 있었다. 그 결과에 따르면 긱 이코노미 플랫폼을 통한 근로를 부업이 아닌 '본업'으로 삼는 사람들의 비중은 미국, 영국, 독일 등 선진국에서는 1~4%에 불과했고 중국, 인도, 브라질 등 개발도상국에서는 높게 나타났다. 특히 중국은 12%가 긱 이코노미 플랫폼을 통한 수익이 자신의 주요 소득원이라고 답했다. 부업으로 수입을 얻고 있다는 비율도 선진국에서는 평균 3~10% 수준으로 집계됐지만 개발도상국에서는 훨씬 높게 나타났다. 중국 33%, 인도 31%가 긱 이코노미 플랫폼을 통해 부수입을 올리고 있다고 답한 것이다.

이를 보면 개발도상국에서는 긱 이코노미의 긍정적인 특수를 제대로 누리고 있는 셈이다.

그러나 일부 긱 이코노미의 수요를 확대해석해서는 안 된다는 주장도 높아지는 시점이다. 긱 이코노미가 '새로운 경제현상이 될 것'이라고 말했던 앨런 크루거 프린스턴대 교수도 한발 물러선 평가를 내렸다. 그는 "지난 10여 년간 경기침체로 노동시장이 너무 위축됐다. 그래서 상대적으로 긱 이코노미가 성장한 것으로 보였다. 구조적 변화라기보다는 불황이 심해 근로자들이 생활비라도 벌고자 잠시 '긱'으로 눈을 돌렸던 것"이라면서 "최근 경기가 회복되면서 근로자들이 기존의 전통적인 직업들로 다시 돌아갔다"고 말했다. 긱 이코노미가 기술혁신에 따른 혁신적 일자리가 아니라 불황 때 임시직 일자리로 몰리는 것과 크게 다를 게 없다는 의미이다. 로버트 라이시 버클리대 교수 역시 "긱 이코노미가 결국은 '부스러기'만 공유하는 경제를 만들며 경제적 불평등을 확대시킬 것이다. 소비자로서의 편리함과 근로자이자 시민으로서의 안정적 삶을 구분해야 한다. 긱 이코노미는 사실 두 개의 다른 경제이다. 부유한 기업이나 부자들은 플랫폼을 통해 자신의 상품과 서비스를 판매하거나 집과 같은 자신의 자산을 빌려준다. 반면 저소득 근로자들은 자신의 직접적인 노동을 판매하게 된다. 즉, 긱 이코노미는 이미 부를 가진 사람에게는 더 많은 수익을 제공하고, 반대로 노동력만 가진 사람들에게는 수익을 주지 못한다. 우버 같은 기업들이 리스크를 근로자들에게 다

떠넘기기 때문이다.[21]"라고 평가를 내리고 있다.

혁신의 시각에서는 긱 이코노미가 분명 새로운 기회를 만드는 것은 분명하지만 그 지속성은 불분명하다. 더군다나 필요할 때만 사람을 쓰는 고용 문화가 정규직 근로자들의 자리를 빼앗아갈 것이라는 불안은 점점 더 근로 안정성을 해칠 것이라는 비판도 나오고 있다. 긱 이코노미의 시장성이 확대되어 가고 있는 만큼 이러한 잡음은 계속 될 것으로 보인다.

Freedom(자유)과 Flex(유연함)의 함정

"Be Your Own Boss!
너 자신이 보스가 되라! 너 자신의 보스가 되라!"

아마존플렉스에 들어가면 제일 먼저 눈에 띄는 문구이다. 기업들이 근로자들에게 흔히 말하는 '주인의식을 가져라'와 일맥상통하는 듯 하다. 우버는 '**Freedom Pays Weekly**'라고 광고하고 있다. 자유롭게 일을 하면서 매주 돈을 벌 수 있다는 것이다. 아마존플렉스의 'Flex(유연함)'와 우버의 'Freedom(자유)'은 겉으로 보면 꽤나 매혹적인 문구들이다. 그러나 실제로 그들의 일자리는 자유와 유연함에서

---

21) 라이시 교수 페이스북 2016.5.5.

경계가 애매모호하다. 긱 워커에게 Flex는 시간을 유연하게 활용하여 일을 하는 장점이지만, 실제로 배송 건당 돈을 받는 입장에서는 딱히 유연해지지 않는 문제이다. 일정부분 생활에 필요한 수익을 얻으려면 노동에 매달릴 수밖에 없다. 이는 Freedom도 마찬가지이다. 자유는 안정적인 소득이 있다는 전제하에 내 시간에 대한 주도권을 가졌을 때 느끼는 것이다. 만약 안정적인 소득이 없는 상태라면 자유는 사라질 확률이 높다. 결국 노동시간에 비례하는 소득은 오히려 긱 워커의 발목을 잡는 요인이 되기도 한다.

물론 Flex와 Freedom이 프리랜서의 강점임은 확실하다. 보스톤컨설팅 그룹(BCG)의 설문조사 결과, 많은 이들이 정규직으로 근로하는 것보다 프리랜서로 일하는 것을 선호했다. 이는 더 나은 선택지가 없어서가 아니라 프리랜서의 자율성에 더 높은 가치를 두었기 때문이다. 그러므로 유연함과 자유의 경계는 긱 이코노미가 결코 해결할 수 없는 영역선에 있다. 이에 대한 선택의 몫은 결국 개인의 판단에 기대는 수밖에 없다.

・・・
수축사회가 불러온 임금 경쟁

「수축사회」의 저자 홍성국(전 미래에셋 대우증권 대표이사)씨는 그의 저서에 이런 글을 썼다.

"지구촌은 르네상스 이후 수백 년 동안 인구가 늘어나고 지속적으로 성장하는 팽창사회였다. 그런데 4차 산업혁명의 진전으로 인구와 일자리가 감소하고 파이(π)가 줄어드는 수축사회로 변하고 있다. 최근 한국경제 위기와 첨예한 사회적 갈등의 원인도 파이(π)가 늘어나지 않기 때문이다."

그의 말처럼 세계경제는 인구 감소, 생산성 증대에 따른 공급과잉, 부의 양극화, 높은 부채로 인해 더 이상 성장이 어려운 수축사회로 접어들었다. 긱 이코노미는 이러한 경제현상으로 발생한 유기체라 할 수 있다. 수축사회에서 반드시 극복하고 생존해야만 하는 피할 수 없는 상황이 긱 이코노미이다.

플랫폼을 통해 노동의 국경은 사라져간다. 다만 그로인해 노동력을 지닌 이들의 권리는 오히려 축소되고 손상되고 있다. 긱 이코노미 활성화로 국경을 넘어 전반적인 일자리가 증가하고 실업률이 하락하고 있음에도 불구하고 임금 상승률은 정체되어 있다. 이는 상당수 긱 워커들이 플랫폼의 동일한 일을 놓고 경쟁함으로써 벌어지는 자본주의의 어두운 이면이다. 고용이 보장되지 않은 긱 워커들은 일자리를 얻기 위해 어쩔 수 없이 기업에 더 낮은 임금을 제시한다. 당연히 경쟁이 지속될수록 임금은 하락할 수밖에 없는 구조인 셈이다. 이는 임금 상승률과 실업률이 역의 상관관계를 가진다는 '필립스 곡선'에 반하는 내용이다. 이러한 경제 상황을 '임금 상승의 수수께끼'라고 표현하기도 한다.

결국 긱 워커들은 플랫폼을 통해 일주일 내내 일을 찾고 하루 종일 다양한 종류의 일을 해도 제대로 된 수입은 보장받지 못한다. 일자리 창출이라는 긱 이코노미의 성과 뒤에 숨은 긱 워커의「피, 땀, 눈물」[22]이 아닐 수 없다. 긱 이코노미의 핵심은 결국 상향평준화냐 하향평준화냐의 가름이다. 양면성의 논란은 누가 옳고 그르냐를 따지는 것이 아니다. 현상을 객관적으로 정확하게 분석해봄으로써 긍정적인 쪽으로 향하도록 유도하여 긱 이코노미 사회를 널리 이롭게 하는 것이다.

· · ·

상충요소들을 조화시키는 관점! 패러독스[Paradox]

이분법적 시선으로 양자택일을 해야 하는 시대는 끝났다. 우리는 어느 한쪽도 간과하지 않으면서 상충의 요소들이 조화를 이루며 공존할 수 있는 '역설의 관점(Paradox)'이 필요하다. 즉, 긱 이코노미가 가지고 있는 장단점과 양면성을 잘 조화시켜 모두 이롭게 하는 패러독스적 사고와 시각이 필요한 때이다. 위기라는 단어가 위험한 상황을 의미하기도 하지만 '위(위험)+기(기회)'의 두 가지 뜻도 가지고 있다. 위기를 '위험으로 보느냐 기회로 보느냐'는 그 상황에 처한 사회와 사회 구성원들의 선택과 생각의 문제에 더 가깝다.

일반적인 상식으로는 이해할 수 없는, 서로 반대되고 모순되는

---

22) 한국의 글로벌 보이그룹 방탄소년단의 노래 제목.

특성이 융합해 예상외로 좋은 결과를 내는 경우가 종종 있다. 예컨대 3M은 실패한 접착제에서 'Post it'이라는 혁신적인 상품을 만들었다. 구글은 광고를 보기 싫어하는 유저와 광고가 있어야만 생존하는 포털 사이트의 모순을 검색엔진으로 극복했다. 초기화면에서는 광고를 없애고 검색할 때만 검색어와 연관된 광고를 게시함으로써 '광고는 없되 광고가 있는 검색엔진'으로 순식간에 시장을 잠식해갔다.

일본의 '레전시 하꼬네 호텔'은 업계 상식을 깬 모순의 해결로 경쟁력을 얻었다. 보통 호텔들이 오후 3시에 체크인을 한다. 직장인들이 주말을 보내려고 금요일 밤에 호텔에 도착하면 대개 7시~9시 사이로 하루를 손해 보는 느낌을 준다. 레전시 하꼬네 호텔은 이러한 관행을 과감히 수정하여 금요일 7시 이후 체크인하여 일요일까지 묵는 고객들에게 2박 요금을 1.5박 요금으로 할인해준 것이다. 1.5박이란 해법을 통해 고객은 투숙의 아쉬움을 없앴고 호텔은 객실 점유율을 높여 수익 상승을 이뤄냈다. 고객과 호텔 모두의 가치를 올려준 결과였다.

모순 속에서 창조적인 결과를 찾아낸 것은 모순을 모순으로만 보지 않고 해법의 시각으로 접근했기 때문이다. 미국은 최근 이러한 창조적인 해법으로 '긱 이코노미 패러독스 현상'을 보여주고 있다. 이는 긱 이코노미 플랫폼에서 임시직 모시기에 총력전을 펼치는 현상을 말하는 것이다.

미국은 정규직의 완전 고용 수준이 4.3%까지 낮아졌다. 정규 이탈자가 늘어나면서 새 근로자를 찾는 어려움에 직면한 것이다. 연구에 따르면 우버와 계약한 신규 운전자의 45%가 첫해에 그만둔다. 통상 6명의 근로자 중 1명만 신규 진입자이며, 그중 절반 이상은 1년 내에 나간다. 그러므로 긱 이코노미 플랫폼들은 긱 워커들을 자신들의 플랫폼으로 끌어들이기 위해 많은 보너스를 제공하고 있다. 우버는 새로운 운전자에게 1000달러(샌프란시스코 기준) 가량의 보너스를 지급하고, 결제 프로그램에 '팁'을 계산 할 수 있게 했다. 그리고 만약 고객이 예약 2분 후 취소하면 운전자에게 보상을 하도록 했다. 또한 보험사 에이온(Aon)과 협력하여 운전자가 사고를 냈을 때 지원하는 보험도 내놨다. 경쟁사인 리프트도 새 운전자에게 800달러를 지급한다. 그들도 운전자를 대상으로 운행 횟수에 따라 세금, 건강 및 자동차 정비 서비스를 강화하는 단계별 특전 프로그램을 운영하고 있다. 주문 배달업체인 포스크메이츠는 새로 계약하면 50~500달러를 준다.

위와 같은 플랫폼들 간의 혜택 경쟁은 긱 이코노미의 문제 해결에 순풍을 불러일으킨다. 전문가들은 "긱 이코노미 근로자는 낮은 보수에 불만이 많다. 이들의 충성도를 높이는 가장 좋은 방법은 더 많이, 더 빨리 돈을 벌 수 있게 해주고 지출 경비를 줄여주는 것"이라고 말했다. 기업들이 특전을 늘리면 이직률을 낮추고 서비스의 안정화도 꾀할 수 있게 된다.

경제의 작동 방식과 이익의 분배 방식을 결정하는 주체는 정보기술이 아니라 바로 사회와 사람이다.[23] 경제학자 윌리엄 바우몰은 **"기업가들은 혁신을 추구하지만 그 혁신이 항상 사회 전체를 위한 선(善)이 되**

---

23) 일의 미래: 긱 경제와 그 한계/피터 워드, 아산정책연구원

지는 않는다. 결국 기술 활용과 그 결과로 생성되는 근로관계는 기술이 결정하는 것이 아니라 사회가 선택하는 것이다. 그렇다면 이미 직면한 새로운 고용 시장에서 우리는 어떤 준비를 해야 자문해봐야 한다."고 말했다. 일방적으로 긱 워커의 노동력을 취하려하기 보다는 서로 상생하여 근본적인 서비스 질을 올리려는 방식을 깊이 생각해 봐야 할 때다.

Plus Point ++++++++++++++++++++++++++++++++++
언스트 영의 마케팅 전문가 데이비드 졸리가 하버드비즈니스리뷰(HBR)에 게시한 '긱 이코노미의 환상 바로잡기'글이다. — 출처: 매일경제

환상① : 밀레니얼 세대는 '긱'을 좋아한다.

기성세대는 밀레니얼 세대가 파트타임으로 일하는 걸 선호한다는 인식을 갖고 있다. 하지만 최근 연구에 따르면 밀레니얼 세대의 60%를 차지하는 1981~1996년 출생자들은 긱 이코노미에 전혀 참여하지 않았다. 24%만 긱 이코노미에 참여해 소득을 올렸다고 조사됐다. 오히려 '정규직(풀타임)'으로 일하는 밀레니얼 세대 비율은 2016년 45%에서 2018년 66%로 급증했다. 이는 밀레니얼 세대도 정규직을 선호한다는 걸 보여준다.

환상② : 사람들은 모두 '긱 이코노미인'이 될 것이다.

2013년 언론에서 보도된 설문조사에 의하면, 2020년까지 노동력의 무려 40%가 '긱 이코노미인'이 될 거라 예측했다. 그러나 코넬대 노동관계 연구소와 아스펜 연구소의 합작 프로젝트 '긱 이코노미 데이터 허브(The Gig Economy Data Hub)'에 따르면 가장 좋은 추정치는 30%대에 불과하다. 긱 이코노미가 빠르게 성장하고 있지만 우리가 알던 기존의 세계가 완전히 사라진다는 생각은 오산이다. 대부분 근로자들은 여전히 구식으로 추가 수당을 벌거나 임시직에 지원하려고 한다. 이는 디지털 방식으로 불러낸 인력은 아닐 것이다.

환상③ : '긱 이코노미'가 더 우수하다.

중개 시장 기업 리더를 대상으로 진행하는 연례 글로벌 설문조사인 2018년 언스트 영 성장 바로미터에 따르면 시간제 근무와 긱 고용에

서 이탈하려는 움직임이 발견됐다. 대부분 회사는 여전히 충성심, 업무 노하우 유지, 경쟁사로부터 인재 훔쳐오기 등 이점을 위해 정규직 고용에 전념하고 있다. 퀸 밀스 하버드비즈니스스쿨 경영학 교수는 인터뷰에서 "(긱 이코노미에서는) 감독이 없이 일하는 개인들을 갖게 된다"고 말했다. 밀스 교수는 긱 이코노미가 기업에 이익을 가져다줄 수 있고 확장성이 있지만 모든 비즈니스를 위한 건 아니라고 전한다.

환상④ : '긱 일자리'로는 사람을 만족시킬 수 없다.

'긱 일자리'가 소득이 낮고 직업 안정성도 떨어지는 막장 직업이라는 오해가 있다. 이는 사실이 아니다. 긱 일자리는 이제 전문성을 요구하는 숙련된 노동력을 필요로 한다. 2018 언스트 영 성장 바로미터에 따르면 숙련 노동력 부족은 미국 기업에 큰 골칫거리로 꼽혔다. 미국 기업 응답자 중 25%는 숙련 노동력 부족이 기업 성장에 장애물이라고 대답했다. 이제 긱 일자리를 통해 숙련 노동력을 모시려는 기업들의 노력이 계속될 것이다.

CHAPTER 02 디지털에서 노동을 사고파는 긱 워커

CHAPTER 03

새로운 시대의
성공 기준
'Co gig worker'

기술의 발전으로 일자리가 감소할 것이라는 전망은 모두들 동의하는 듯 보인다. 앞으로 우리는 자발적이든 비자발적이든 많은 여가를 얻게 될 것이며, 그 여가를 어떻게 받아들여야 할지 고민해볼 필요가 있다. 솔직히 독서와 영화 감상 등의 취미활동으로 노동의 시간을 대체할 수는 없다. 지인과의 교류도 한시적일 뿐 대부분은 권태롭고 막연한 현실을 회피하고 싶어질 확률이 높다. 이러한 미래 사회를 잘 보여주는 것이 영화 '레디 플레이어 원'이다.

　2045년, 암울한 현실에서 도피하고 싶은 대부분의 사람들은 가상현실인 오아시스(OASIS)에서 많은 시간을 보낸다. 실제로도 인류의 미래는 현실보다 가상에서 더 많은 시간을 보낼 가능성이 농후하다. 지금도 젊은 사람들은 게임공간에서 자신의 존재감을 찾는 것에 열중한다. 본인만의 캐릭터를 만들고 게임머니로 아이템을 사고파는 일이 매우 당연해졌다. 이렇게 가상의 공간과 친근한 그들이 주류를 이루는 미래에는 노동 역시 가상현실에서 이루어지는 게 보편적인 일이 될 것이다. 그러한 관점에서 본다면 하루빨리 디지털 가상현실에 참여하여 생산 활동을 하는 것이 경제적으로 유리한 선택이 된다.

1. 변화에 맞서자, 변화에 앞서자

2016년 9월, 전 세계의 눈은 한 인간에게 쏠렸다. 그는 바둑대국 시작 전 기자회견에서 특유의 자신감을 보이며 말했다.

> "3대2 같은 스코어가 문제가 아니라
> 내가 한 판이라도 지느냐의 승부일 것이다."

바둑계에서 창의적인 묘수의 대가로 알려진 이세돌 9단의 말에 모두 고개를 끄덕였다. 그날 모든 신문기사는 이세돌 기사와 알파고의 바둑 대국을 연일 보도했다. 바둑기사 이세돌과 구글 딥마인드의 인공지능(AI) 프로그램 알파고와의 대국은 그야말로 세기의 이벤트였다.

이세돌 9단이 알파고와 지난 2016년 서울
광화문 포시즌스호텔에 마련된 특별 대국장에서 제1국을 펼치고 있다.

사진제공=한국기원[01]

다소 싱거운 승부로 예상했던 경기는 세 번째 대국이 끝난 후 모두에게 큰 충격을 주었다. AI 기술이 아무리 발전했다 해도 세계 최정상급의 바둑 기사를 이기지는 못할 거라고, 아직은 기계보다 인간이 우위에 있다 자부했던 일말의 기대감이 완전히 무너져버린 것이다. 그나마 네 번째 대국에서 1승을 거둔 이세돌 기사는 이런 말을 남겼다.

"이세돌이 패배한 것이지 인간이 패배한 것이 아니다."

하지만 대국을 지켜보던 전 세계인들에게 위로가 되지 않는 말이

---

01) 출처 : https://www.sedaily.com/NewsView/1YXV1BGB0K

었다. 이제 AI가 인간보다 바둑을 잘 둔다는 사실은 부인할 수 없는 진실이다. 그리고 이 이벤트를 통해 우리는 21세기 기술의 변화를 직관적으로 확인할 수 있었다. 이세돌과 알파고의 바둑대국은 소프트웨어가 어디까지 진화했는지를 여실히 보여주기 위한 설계였다.

바둑은 변수가 무궁무진한 게임으로 이세돌 9단처럼 고수가 되기까지는 높은 창의성이 요구된다. 그동안 창의성은 기계가 결코 넘볼 수 없는 인간의 고유영역이라 생각했다. 하지만 그러한 믿음은 알파고로 인해 오해라는 것이 입증됐다. 이세돌 9단은 이 사실 앞에 무릎을 꿇은 것이다. 바둑이라는 평생직업이 AI의 등장에 흔들렸다. 그는 기술의 진보를 인정하고 2019년 11월 프로기사의 세계를 떠났다. 한 분야에서 최고의 경지에 도달한 사람이 기술을 만나 자신의 위치를 근본적으로 성찰하는 계기가 됐던 것이다.

이제는 창의성마저 계산되어지는 시대가 왔다. 이는 많은 인간에게 절망적인 이야기일 수밖에 없다. 바둑에서만이 아니라 모든 인간의 일에서 컴퓨터와 경쟁한다면 인간은 결코 이길 수 없다. 이 엄혹한 사실은 노동자와 기업, 정부 등 경제 3주체에 커다란 숙제를 던져주고 있다.

기업은 갈수록 생산성을 높이기 위해 인간을 내몰고 기계화를 가속화할 것이다. 따지고 보면 제4차 산업혁명과 같은 혁신은 인간의 전통적인 노동을 기술로 대체하는 것과 같은 의미이다. 그러므로 미래로 나아갈수록 노동은 이제 인간의 몫이 아니다. 물론 기술의 시대라도 새 일자리는 생길 것이다. 그러나 소외된 노동의 개수를 새롭게 만들어진 노동의 개수로 채울 수 있느냐는 또 다른 문제이다. 여기서 기업과 정부가 해야 할 일이 생긴다. 인간이 노동의 소외로 인해 가계가 몰락되는 것을 막기 위한 최대의 노력을 기울여야 한다. 기술 기반의 혁신을 추구하는 과정에서 소외된 노동의 근거지를 확보해줄 필요가 있다.

이러한 노력은 노동자도 마찬가지이다. 점점 고도화된 사회에서 노동의 자리가 줄어드는 것은 피할 수 없는 운명임을 인정해야 한다. 그리고 혁신과 소외라는 두 갈래 길 위에서 현명한 답을 찾는 냉철한 안목이 요구된다. 우리 사회는 '더 많이 벌려고 더 일해야 하는 세상'에서 '적게 일하며 덜 벌고 더 많이 노는 세상'으로 진화하는 중이다. 21세기 기술이 만들어낸 세상 속에서 우리는 어떻게 적응하며 진보해 나갈 것이냐의 전략을 세워야할 때이다.

••• 미래가 현재를 만든다

미래학자 토머스 프레이는 한 일간지의 신년 인터뷰에서 "미래가 현재를 만든다"고 했다. 미래를 어떻게 바라보고, 준비하느냐에 따라 우리의 삶이 달라진다는 것을 강조하기 위해서다.[01]

---

01) 조선일보, "앞으로 10년간 전 세계 대학 절반이 사라질 것", 덴버-박순찬 특파원, 2020. 01. 20.
출처 : http://news.chosun.com/site/data/html_dir/2020/01/20/2020012000113.html

미래학자 토머스 프레이가 미국 콜로라도주 덴버의 '다빈치연구소'에서 조선일보와 인터뷰하는 모습. 프레이는 인터뷰에서 "2030년에 경제활동을 시작하는 사람은 평생 8~10개 직업을 바꿔가며 일하게 될 것"이라고 전망했다.[02]

이미 구글과 페이스북은 글로벌 가상현실 플랫폼 연구에 한창이다. 2014년 페이스북은 가상현실 기술 기업인 오클리스를 20억 달러(2조 3200억 원)에 인수했다. 구글은 꾸준히 플랫폼 사업에 투자 중이며, 마이크로소프트사 역시 엑스박스 게임 플랫폼까지 보유하고 있을 정도로 가상현실 플랫폼 사업에서 빼놓을 수 없는 존재감을 보여주고 있다. 이제 굴지의 IT기업들에 의해 영화 속 오아시스는 조금씩 우리 앞에 현실로 다가오고 있는 것이다.

기술은 우리의 생각보다 속도가 빠르다. 이세돌에게 참패를 안겨준 알파고는 이후 얼마 지나지 않아 스스로 학습하는 알파고 제로버전으로 진화했고 알파고와의 대국에서 100전 100승으로 승리했다. 디지털, 인공지능 기술은 하루가 다르게 발전하고 있으며 모든 비즈니스 모델과 협업하는 시대가 됐다.

---

02) 사진출처: 조선일보, http://news.chosun.com/site/data/html_dir/2020/01/20/2020012000113.html

정보화 시대가 도래한 순간부터 디지털이란 개념은 우리의 삶을 지배해오고 있었다. 20세기 초에는 세계 최초 장거리 전화를 성공시킨 벨 연구소의 통신 기술이 매개가 되었고, 이후 다양한 디지털 장비와 더불어 인터넷 기술이 새로운 세상을 열었다. 오늘날에는 소셜미디어나 유튜브, 각종 애플리케이션들이 등장하며 개성 있는 플랫폼 산업을 맛볼 수 있게 되었다. 긱 경제가 바로 그 방증이다. 우버, 에어비앤비, 애플, 아마존 등 AI를 접목한 플랫폼 기업들은 전 세계의 시장을 사로잡았다. 디지털 플랫폼은 이제 누구도 거부할 수 없는 대세 중의 대세이다.

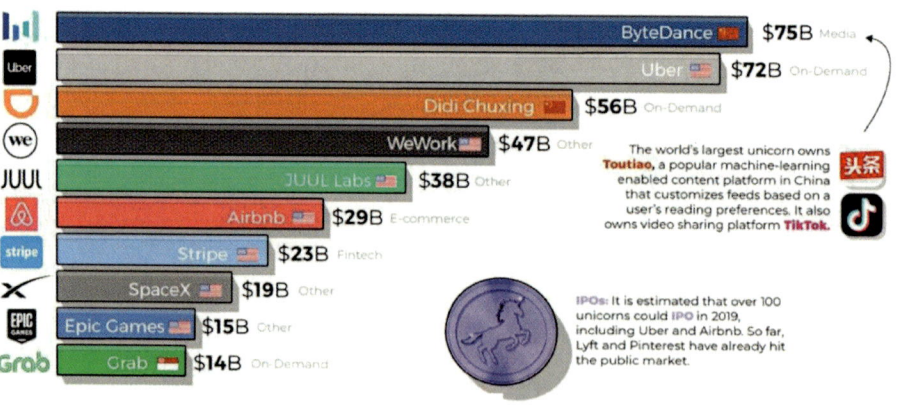

유니콘 클럽이 성장하고 있습니다.
빠르게 성장하는 민간 기업은 각각 10억 달러 이상의 가치를 인정 받았으며 빠른 속도로 증하고 있습니다.
CB Insights에 따르면 작년부터 119개 이상의
신규 회사들이 글로벌 유니콘 클럽에 새롭게 가입 했습니다.

유명 창업투자회사 제너럴 캐털리스트 파트너스 '헤먼트 타네자'와 뉴스위크의 칼럼니스트 '케빈 매이니'가 공동집필한 「언스케일: 앞으로 100년을 지배할 탈규모의 경제학」에서는 디지털 플랫폼 사회를 탈규모의 경제라 말했다. 그들은 **"자본이 움직인 규모의 경제가 끝나고 플랫폼이 이끄는 탈규모의 경제가 시작된다"**고 적었다. 20세기는 전 세계가 더 큰 기업, 더 큰 정부, 더 큰 은행 등으로 규모를 최대한 늘리며 경제 효과를 누리던 경제였다. 그러나 탈규모의 경제는 소프트웨어와 네트워크의 중심으로 규모에 연연하지 않은 기술산업위주의 경제 비즈니스가 주도하는 사회이다. 그들은 탈규모 경제에서 플랫폼이 모든 동력원이라고 말하고 있다.

"이때의 전력망은 인터넷이나 아이폰 및 앱스토어처럼 새로운 솔루션을 뒷받침하는 플랫폼이 된다. 전력 회사들은 전력망에 안정성과 탄력성을 제공하면서 사업을 이어갈 수 있을 것이다. 한편 기민한 스타트업들은 전기를 생산하고, 옮기고, 거래하고, 판매하고, 공유하고, 저장하는 더욱 효과적인 방식을 만들어낼 것이다." 즉, 플랫폼을 바탕으로 산업들이 활성화된다는 의미이다. 국내 융합컨설팅학과 현병환 교수도 한 인터뷰에서 "우리나라 기업들은 경쟁력이 떨어지며 데이터 경제시대 흐름에 발맞추기 위해서는 제조업을 서비스화 시켜 플랫폼 산업으로 진출해야한다"고 목소리를 높이기도 했다. 국제적으로 기업가치가 1000조원이 넘는 기업들은 모두 플랫폼 기반 기업이라는 사실을 확인시켜주면서 말이다.[03] 국내외 이와

---

03) HolloDD, 제조업 넘어 플랫폼으로…"전 산업 데이터 · AI 접목해야", 홍성택, 2020. 01. 30
출처:https://hellodd.com/?md=news&mt=view&pid=70924

같은 목소리는 미래 경제에는 디지털 플랫폼 산업이 경쟁력이라는 사실을 재차 확인시켜준다.

이는 비단 새롭지만은 않다. 이미 많은 경제학자들이 전망한 바 있고, 전 세계 대기업과 스타트업계가 디지털 플랫폼을 기반으로 비즈니스 모델을 만들어가고 있기 때문이다. 따라서 미래를 준비하기 위해서는 현재 디지털 플랫폼 산업에 관심을 두고 적용해야 한다는 것이다. 우리가 어떤 일을 하든, 어디서 살든, 플랫폼 기술 덕분에 과거 세대와는 분명 다른 삶을 살아가게 된다. 그렇다면 어떤 변화가 일어나고 그 변화를 유리하게 활용하려면 무엇을, 어떻게 준비해야 할까? 이러한 대응은 단순히 정부와 기업만의 고민이 아니다. 개인도 **'플랫폼을 어떻게 자신의 삶에 접목시킬 것인가?'** 하는 깊은 통찰이 미래의 삶을 결정짓는 가장 중요한 핵심이다.

• • •

플랫폼 기술에 뛰어들어라

20세기는 소득 분배가 이슈였다면 21세기는 일자리 분배가 이슈이다. 일에 대한 개념이 바뀐 긱 이코노미 시대에 학위 하나로 평생을 살아가기란 힘들다. 토머스 프레이는 미래 일자리에 대해 이렇게 이야기 했다.

"앞으로 똑같은 직업이라고 해도 하는 일은 전혀 달라진다. 자동차

디자이너의 예를 들어보자. 지난 120년간 운전대, 가속페달처럼 운전을 위한 기능에 힘을 쏟았다면 앞으로는 운전 대신 차 안의 경험을 디자인하는데 많은 힘을 쏟아야 할 것이다. 교사는 학생을 직접 가르치는 대신 AI 교육 로봇과 한 교실에서 협업하게 된다. 과연 똑같은 직업, 일이라고 할 수 있나? 이게 향후 20년간 매우 중요한 질문이 될 것이다."

그렇다. 지금 현재가 아니더라도 앞으로 우리의 자녀들이 취업에 뛰어들 때 쯤엔 일자리의 속성은 많이 달라진다. 그러므로 지금의 전통적인 방식의 교육과 직업관은 오히려 가장 불확실한 투자에 지나지 않는다. 불안한 고용 대신 자신이 좋아하는 일을 통해 '평생직업'의 길을 일찌감치 찾아가는 게 좋다. 은퇴 후에는 자신의 경험을 살려 긱 워커로 역량을 펼칠 수 있는 기회를 미리 다져주는 것도 필요하다.

그 대안으로 디지털 플랫폼에서 제2의 길을 개척하는 것이 현명하다. 이는 단지 1인 사업가로서 긱 워커의 삶에 뛰어들라는 것이 아니다. 지금의 디지털 플랫폼의 속성을 파악하고 21세기 디지털 경제의 특수성을 활용해 또 다른 소득창출의 계기를 마련하라는 것이다.

앞으로 디지털은 진화될 것이며 어떤 식으로든 변형이 가능하다. 이를 예의주시하였다가 변화와 선택의 순간에 과감히 뛰어들 수 있는 용기를 갖추는 것이, 긱 경제에서 살아남는 전략이다.

2. 긱에 대한 사회적 관심과 존중

긱 이코노미는 지금 성장통에 있다. 많은 장단점과 양면성에도 불구하고 일상의 편리함과 기술혁신은 긱 이코노미를 더욱 확대시킬 것이다. 그러나 긱 이코노미에 대한 연구는 공공조직과 기업차원에서 아직 구체적으로 이루어지지 못하고 있다. 긱 워커를 보는 관점도 사회 부적응이나 단순한 욜로(Yolo)[04] 문화의 하나쯤으로 치부하는 경향도 많다. 따라서 긱 이코노미가 올바로 정착되려면 사회적 제도 준비는 물론 기업의 대응, 개개인의 직업관이나 일에 대한 사고의 방향도 바뀌어야 한다.

---

04) YOLO(You Only Live Once): '인생은 한 번뿐이다'라는 뜻. 남보다 자신, 미래보다 현재의 행복을 중시하는 태도로 자유로운 생활을 선호하는 사람들을 욜로족이라 말한다.

긱 이코노미는 대규모 생산조직이 소자본, 시장세분화, 개인기반 서비스로 전환하면서 발생한 것이다. 이것이 삶의 질 향상과 일자리 혁신 등 긍정적으로 연결되기 위해서는 '노동 자율성과 고용 안정성 사이에 균형 있는 정책'이 필요하다. **미래의 일이 직장이 아니라 일 자체에 바탕을 둔다는 사실을 받아들이면 근로자에게 더 많은 혜택, 보호, 권리를 제공하여 일자리가 아닌 일 창출에 목표를 둬야한다.** 고로 정규 노동시장에서 소회된 계층이 디지털 플랫폼을 통해 고용기회의 최대 수혜자가 될 수 있도록 사회적 정보 인프라 강화가 중요하다.[05]

긱 이코노미를 대하는 기업의 자세

기업의 생명력은 시대의 변화를 읽는 인프라, 특히 소비자 니즈를 읽을 수 있는 정보 채널에서 연장된다. 오늘날 긱 이코노미 같은 산업의 큰 변화를 읽지 못한다면 장기전략 부재, 잘못된 투자 등으로 기업의 지속성에 위협을 받을 수 있다. 그러므로 기업만큼은 더욱더 긱 이코노미 시장과 긱 워커에 세심하게 대응하고 관리해주어야 한다.

긱 이코노미를 잘 활용하면 기업의 성장에 많은 도움이 된다. 특정 수요에 맞춰 초단기 계약 형태로 숙련된 근로자를 구한다는 측면에서 노동 비용을 절감할 수 있다. 능력 있는 긱 워커들의 활용은 주

---

05) GRI경기연구원, 사회 이슈: 알바천국, '긱노동(Gig work)'의 부상과 과제, 문미성 선임연구위원(상생경제연구실)

요한 인력 관리 비법의 차별성이 될 수 있다. 특히 고정비용의 감소로 보다 유연한 시장 대응을 할 수 있다. 그러나 이러한 이점을 단순히 비용절감 측면으로만 긱 워커에 접근하면 오히려 고객의 신뢰를 잃어버릴 가능성도 있다.

긱 워커는 기업의 서비스를 고객에게 직접적으로 제공하는 사람이다. 고로 긱 워커들이 기업의 가치를 늘려주는 도구인 셈이다. 그렇다면 긱 노동의 속도와 건수로 수입을 늘리는 긱 워커가 기업의 가치를 그대로 소비자에게 완벽히 전달할 수 있을까? 긱 워커와 기업이 추구하는 가치는 엄연히 다르다. 긱 워커의 가치는 수입을 늘리는데 있다. 기업은 질 좋은 서비스를 제공하여 고객을 늘리는데 가치를 둔다. 그러므로 긱 워커가 새로운 고객 접점에서 진정한 고객 인사이트를 얻게 하려면, 기업은 그들을 위한 관심과 제도를 만들 필요가 있다.

보스턴컨설팅그룹(BCG)은 「프리랜서 시대 기업의 적응법」이란 보고서를 통해 기업의 새로운 과제를 제시했다. **기업은 노동력 공유 플랫폼이 회사의 고용 유연성을 증가시켜 '쉽게 찾기 어려운 기술을 보유한 인력을 구할 때 또는 변화하는 고객들의 요구에 응대해야 할 때' 유용하다는 점을 알아야 한다.** 이러한 인정은 성숙한 기업으로 가는 매우 중요한 시발점이다. 우선, 자신의 조직에 부족한 기술이 무엇인지 파악하는 것이다. 기업들이 현재 보유한 기술이 무엇인지, 조직의 장래에 필요한 기술이 무엇인지 예측하기란 쉽지 않다. 그렇기 때문에 반대로 어떤 기술이 회사에 부족한지 알아두면 그에 알맞은 숙련된 긱 워커를 적시에 고용할 수 있어 성장에 도움이 된다.

 두 번째는, 긱 워커를 고용하는 방법에 대한 전략을 세운다. 그 회사만의 긱 워커 네트워크를 구축하거나 전문인력 플랫폼을 활용하면 고급 기술을 가진 긱 워커를 찾는데 유리하고, 숙련된 노동력을 확보하는 차원에서 투자 가치가 있다.

 세 번째는, 긱 워커와 정규 근로자 간의 효율적인 업무 배분과 어떻게 협업하게 할 것인지 매커니즘을 정립해야 한다. 기업은 경영의 효율을 위해 전략적인 아웃소싱 구축을 당연하게 여긴다. 전문성이 높은 긱 워커가 활동하면 복잡한 업무를 조율해야 하는 경우가 많이 나타날 것이다. 긱 워커가 해야 할 역할을 분명하게 제시하고, 정규 직원들과의 협력 범위도 분명하게 해주어야 한다.

 마지막으로 경력 관리 및 근로 정책의 유연성을 갖추는 것이다. 긱 이코노미가 점진적으로 확대됨에 따라 기업은 조직 내 근로자들도 긱 워커화에 대응해야 한다. 조직의 전문적 역량을 쌓은 지식 근로자들이 경력 측면에서 니즈를 충족하지 못하면 인재 유출로 이어져 기업의 경쟁력 하락을 불러올 수 있다. 따라서 유연한 경력관리 제도를 새로 마련할 필요가 있다. 만약 그것이 불가능하다면 외부의 더 많은 긱 워커를 활용해야 한다. 하지만 이들 역시 경직된 경력관리제도로 일에 대한 동기부여가 되지 않는다면 업무 능률이 떨어진다. 그러므로 다른 식의 혜택이나 보수 등으로 경력에 대한 충분한 보상이 이루어질 수 있어야 한다.[06]

---

[06] 월간 CHIEF EXECUTIVE Special Report '[신(新)노동경제, 긱 이코노미]긱 이코노미 시대 어떻게 대응할 것인가', Vol.200 (2019년 7월호).

긱 워커가 증가하면 기업들은 그만큼 보안정책에도 세심한 주의를 기울여야할 것이다. 긱 워커들이 복수의 조직에서 동시적으로 근로할 수 있기 때문이다. 향후 한국 기업들도 정규직 근로자보다 긱 워커를 활용할 가능성이 높으므로 미리부터 합리적인 근로정책을 고민해볼 필요가 있다.

■ 긱 이코노미와 기업의 사회적 책임

긱 이코노미가 비정규직 양산과 양극화를 일으킨다는 논란이 있는 만큼 기업의 사회적 책임(CSR-Corporate Social Responsibility)도 새롭게 정립하는 것이 중요하다. 법률적인 환경뿐만 아니라 기업가치를 전달하는 체계가 크게 바뀌었기 때문이다. 긱 이코노미 시대 기업의 새로운 사회적 책임을 통해 혁신기업도 나왔고 망한 기업도 나왔다. 새로운 기업의 사회적 책임이 무엇인지 알 수 있는 특별한 사례가 있다. 그것은 인도의 1등 음식배달 회사인 스위기(Swiggy)[07]의 이야기이다.

스위기는 인도에서 가장 늦게 창업했음에도 불구하고 빠르게 성장한 플랫폼 회사이다. 텐센트 등으로부터 10억 달러(1조 2000억 원) 투자를 받았고 기업 가치는 33억 달러(3조 7000억 원)에 달해 유니콘 기업에 올라서기도 했다. 스위기의 빠른 성장배경에는 아무도 제대

---

http://www.chiefexe.com/news/ArticleView.asp?listid=5
07) T times. 배달원들을 영웅으로 대접해 줘서 1등이 된 배달회사 swiggy. 배소진 기자 (2018.12.28.)

로 주목하지 않았던 배달원들의 노력에 감사할 줄 아는 태도에 있다. 그들은 긱 워커에 대한 감사의 마음을 광고와 홍보를 통해 사회적 문화로 만들어가고 있다.

'What's in name?' 광고에서는 오토바이를 타고 하루 종일 도심을 누비는 배달원의 하루가 보여 진다. 커다란 배달가방을 짊어지고 계단을 오르내리지만 누구도 그를 반기지 않는다. 무뚝뚝한 고객이 배달을 받자마자 문을 닫아버려 속상해하기도 하고, 호칭도 늘 스위기로만 불려 우울하다. 배달원이긴 하지만 그도 이름이 있는 사람이고 누군가의 아빠인데…. 그러다 어느 고객이 "사미르"라는 그의 이름을 불러줬을 때 비로소 미소를 짓는다.

출처 Fortune india

이 광고는 소셜 미디어를 중심으로 큰 반향을 불러일으켰다. 유튜브에서 2000만 건 이상 조회됐고, 광고에 공감한 고객들이 배달원

이름을 불러준 뒤 이를 공유하는 캠페인이 트위터 상에 벌어지기도 했다. 고객들은 이제 배달원과의 짧은 만남도 의미 있게 받아들였다. 그들은 스위기의 배달원에게 감사하며 스위기의 충성스런 고객이 되어가고 있는 것이다.

스위기의 또 다른 광고에서는 여성들의 사회적 지위를 고취시키는 과감한 시도도 있었다. '산타는 어떻게 생겼을까?'라는 광고에서 여성 배달원이 등장한다. 그녀는 아기가 자는 동안 아침을 차리고 점심 도시락을 챙기고 옷을 다려준다. 그리고 누군가에게 음식을 배달하는 모습이 마치 선물을 주는 산타처럼 비춰지게 했다. 그러면서 '모든 산타가 남자는 아니다'라고 말한다. 이는 스위기가 여성 배달원의 활동 가능성을 널리 알린 것이다. 여성에 대한 성차별이 심한 인도에서 여성 배달원을 고용한다는 것은 꽤나 용기 있는 선택이다. 이를 통해 스위기가 배달원의 편견을 없애고 인격을 얼마나 존중하는지를 여실히 보여준다.

"우리는 배달원인 스위기의 히어로들이 얼마나 열심히 일하는지, 얼마나 열정적인지 알리기 위해 광고 시리즈를 통해 그들의 일상을 조명하고자 했다. 이들이 스스로를 가치 있게 여기고 스위기 발전과정의 협력자가 되는 것을 자랑스러워했으면 한다."

스위기 경영진의 말이다. 스위기는 긱 워커들도 존중 받는 사회적 문화를 만들고 있고 스위기 히어로들(배달원) 스스로 자존감을 높일 수 있도록 했다. 고객과 식당주인만큼이나 배달원들도 파트너로서 중요하다 여기는 이 회사는, 다른 회사와 달리 배달원들을 직접 고용해 월급을 주고 교통사고나 질병 등을 대비해 보험에도 가입시켜 준다. 이러한 기업의 사회적 책임으로 고객 접점 서비스 품질 향상과 함께 급속 성장의 원동력이 마련된 것이다. 창업 당시 단 6명의 배달원으로 시작했던 스위기는 현재 6만 명에 육박하는 배달원들이 있는 인도 제일의 음식배달 기업이 되었다.

스위기의 성장 스토리는 많은 기업에게 좋은 귀감이 된다. 긍정적 영양분이 많은 곳에 심어진 씨앗이 더 튼튼하고 실한 열매를 맺는 것처럼, 긱 이코노미 생태계에 기업들의 사회적 참여가 이루어진다면 더불어 발전하는 토양이 만들어지지 않을까 기대해본다.

긱 이코노미를 대하는 인재의 자세

긱 이코노미가 새로운 노동시장의 트렌드가 되고 있지만 여기에 참여할지의 여부는 각자 선택의 문제이다. 만일 긱 노동에 참여하고자 한다면 먼저, 각자의 생애가치(LTV-Life Time Value)와 개인비전에 비춰 참여의 범위나 시간 활용 등을 깊이 생각해봐야 한다. 자신이 원하는 시간과 장소에서 원하는 만큼의 일을 한다는 유연한 근로조건과 부가적인 소득창출간의 최대 공약수를 찾을 필요가 있다.

사실상 긱 노동을 통해 소득이 안정적으로 꾸준히 늘어날 거라 기대하기는 어렵다. 그러면 자율성, 일과 삶의 의미 등을 얻을 수 있다면 기꺼이 불안정하고 낮은 보수도 받아들일 수 있을까? 자칫 잘못했다가는 자유로운 노동이 아니라 자유에 갇힌 노동이 될 수도 있는 노릇이다. 긱 이코노미에서 열악한 직업과 저임금의 근로자는 계속 존재할 것이다. 또한 '열악한 직업'에서 '나은 일'로 이동할 수 있는 기회일 수도 있다. 결국 긱 이코노미에서 개인들은 꾸준히 자기 자신의 역량을 개발하고 특정 분야의 전문성을 쌓아나갈 수밖에 없다. 평균적인 역량만 가지고도 먹고 살 수 있는 시대는 끝난 것이다.

■ '골드 긱 워커(Gold-Gig Worker)'로 성장하기

골드칼라 근로자(Gold-collar Worker)는 '능력위주의 부가가치를 낳는 인재'를 뜻한다. 주로 첨단기술, 서비스, 광고, 정보통신 등의 창조력과 정보를 이용하는 사업에서 능력을 발휘하고 있는 사람들을 말한다. 이는 단순 육체 근로자를 뜻하는 블루칼라(Blue-collar worker)와 정신 근로자를 뜻하는 화이트칼라(White-collar worker)와 비교되는 말로, 육체적인 노동력이나 학력과 경력, 자격증과는 상관없이 창의적인 아이디어가 골드칼라의 무기이다. 아이디어를 넘어 넓게는 '자신들이 좋아하는, 자신만이 할 수 있는 일'을 하는 사람들이다. 그렇기 때문에 그들은 자발적이고 진취적이어서 그 분야에 주도자가 될 가능성이 높다.

필자는 긱 이코노미 시대의 골드칼라 근로자를 **'골드 긱 워커(Gold-gig worker)'** 란 명칭으로 새롭게 붙여 보았다. 골드 긱 워커는 자기만의 차별적이고 전문적인 기술로 재능을 거래한다. 그들은 고용의 유연성과 시간의 자유를 누리는 동시에 높은 수입이 보장되는 사람일 것이다. 골드 긱 워커가 되면 내가 원하는 임금, 내가 원하는 일거리를 스스로 선택할 가능성이 높다. 일자리를 구하는 게 아니라, 스스로 일자리를 디자인 하는 개념에 가깝다. 그러므로 자신이 원하는 일이 무엇인지 분명히 알고 있어야 한다. 남들이 제안하는 일자리를 수락할지 말지만 결정하던 과거와 다르기 때문이다.

이처럼 마음껏 원하는 일을 골라 맡고 그에 따른 충분한 임금을 받는 것은 능력 있는 소수이다. 당연히 골드 긱 워커로 성장하려면 선택과 노력만이 해법이란 사실은 누구나 아는 상식일 게다. 그렇다면 어떻게 해야 골드 긱 워커가 되는 것일까?

골드칼라가 되기 위해서는 자기관리, 폭넓은 시각과 전망, 네트워크 활용, 팀워크, 설득력 등이 필요하다. 골드 긱 워커도 이와 다르지 않다. 우선 그동안의 업무 경험과 지식, 기술을 점검하고 자신의 취미도 함께 고려하여 '시장(플랫폼)에서 거래될 만한 대상'을 찾아봐야 한다. 그리고 이를 상품화하기 위해 훈련과 일부 보완 과정을 거쳐 플랫폼에 긱 워커로 등록한다. 그런 다음 시장 반응을 살펴 수정·보완이 필요한 커리어나 개성, 특징 등을 재정립하여 제대로 된 거래 서비스로 발전시켜나가는 것이다. 가능성이 보이는 서비스에 대해서는 플랫폼 회사에서도 마케팅을 적극 지원하고 있다. 그 기회를 잘 이용하는 것이 현명하다.

또 하나 팁은, 가능하면 많은 플랫폼에 등록하라는 것이다. 긱 워커는 다양한 소득원의 확보가 중요하다. 그러므로 가능한 많은 재능을 등록하여 소득 확보의 기회를 갖도록 한다. 플랫폼별로 이용 고객층이 다를 수 있으므로 다수의 플랫폼에 올려 결과를 보면 집중할 플랫폼을 선정할 수 있다. 다만, 자신만의 특성을 반영하여 차별화 포인트를 강조하는 것은 어느 플랫폼이든지 필수이다. 그리고 지속적으로 학습을 통해 공급 서비스의 품질을 개선하고 경쟁자들의 동향 파악에도 게을리 하지 않아야 한다. 나의 재능의 전문성과 차별성을 지속적으로 유지해가는 일이 골드 긱 워커가 되는 관건이다. 요컨대 골드 긱 워커로 인생의 비전을 설정하고 새로운 기술의 적극 활용, 인적 네트워크 관리, 커리어 관련 분야 및 인접 분야 학습으로 '내 인생의 주인은 나'라는 자세로 일하는 사람에게 자기 결정권이 주어지는 것이다.

Plus Point ++++++++++++++++++++++++++++++++++

골드칼라 노동자(Gold-collar worker)

정보와 지식으로 높은 생산성을 창출하는 고도의 전문직 종사자를 이르는 말이다. 1985년 카네기멜론 대학의 로버트 켈리 교수가 '골드칼라 노동자'라는 책에서 이 말을 처음 사용하였고, 학문적인 정의가 완전히 내려진 것은 아니나 능력위주의 창의적인 일로 부가가치를 낳는 인재를 뜻하는 말로 21세기 주도계층을 상징하는 말로 자리잡았다. 골드칼라는 주로 첨단기술, 서비스, 광고, 정보통신 등의 창조력과 정보를 이용하는 사업에서 능력을 발휘하고 있다. 단순 육체노동자를 뜻하는 블루칼라(blue-collar worker)

> 와 정신노동자를 뜻하는 화이트칼라(white-collar worker)와 비교되는 말로, 육체적인 노동력이나 학력과 경력, 자격증과는 상관없이 아이디어가 골드칼라의 무기이다. 아이디어를 넘어서 넓게는 자신들이 좋아하는, 자신만이 할 수 있는 일을 하는 사람들이기 때문에 자발성이 있어 더욱 그 분야에서 주도자가 될 가능성이 많다. 골드칼라가 되기 위해서는 자기관리, 폭넓은 시각과 전망, 네트워크 활용, 팀워크, 설득력 등이 필요하다.
>
> ― 출처:위키 백과사전

■ 긱 이코노미에서 개인의 역량 향상시키기

코로나-19로 인한 위기의 New Black swan 현상이 긱 이코노미 초입시점에 함께 와버렸다. 누구도 함부로 예측을 단언하기 더 어려운 때다. 긱 이코노미 하나만으로도 혼란스러운데 '모든 일상의 마비'로 인한 나비효과가 어떤 형태와 크기로 나타날지 예상이 안 되는 시기이기 때문이다. 그렇다고 지켜만 볼 수 없는 상황이다. 이런 위기에는 시장에서 '게임의 법칙'이 평상시와 다르게 작동되므로 잘 준비하는 사람들은 도리어 큰 기회가 될 수도 있다. 따라서 위기 시 어떻게 개인의 가치를 높이며, 위기에 강한 자신만의 브랜드를 견고하게 쌓는 방법들을 알아볼 필요가 있다.

도표를 잘 살펴보자. 도표의 좌측 하단은 현재의 차별화된 역량과 현재 시장의 영역이다. 현재 가지고 있는 노하우와 스킬을 유지하면서 키워가는 영역이다. 지향하는 방향이 Big box이므로 현재는 항상 Small box라고 인정해야 옳다.

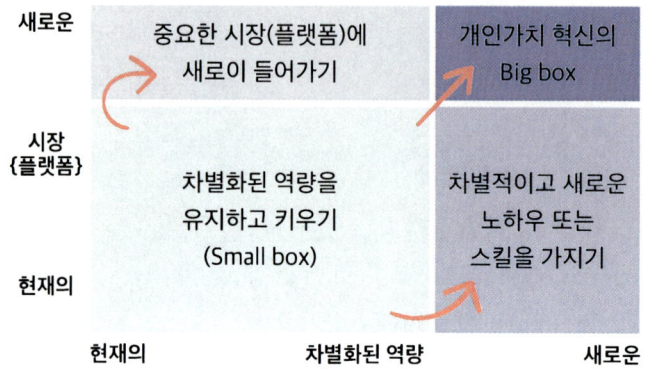

가로(□)는 선택된 시장(플랫폼)에서 현재 위치를 방어하기위해 갖고 있거나 앞으로 갖기를 원하는 차별적이고 새로운 노하우나 스킬을 말한다. 차별성은 시간이 지나면 소멸되기 마련이므로 예선에 없었던 새롭고 차별화된 역량이 계속 필요하다. 즉, 경쟁에서 이기기 위한 역량, 압도적으로 우월성을 유지하기 위한 역량을 말한다.

세로(□)는 현재 참여하고 있거나 앞으로 참여하기를 원하는 시장(플랫폼)을 말한다. 어느 시장(플랫폼)에서 경쟁하고 있든지 늘 참여가 가능한 새롭고 중요한 시장(플랫폼)이 존재하기 마련이다. 그러므로 미래에 각광받을 것으로 예상되는 새로운 시장(플랫폼)을 지향하는 자세가 매우 중요하다.

따라서 **'플랫폼을 어떻게 자신의 삶에 접목시킬 것인가?'** 하는 깊은 통찰이 미래의 삶을 결정짓는 가장 중요한 핵심이라고 앞에서도 강

---

08) 성장과 이익, 발라 차크라바시, 피터 로란게, 윤규상 옮김, 비즈니스맵, 2008.09

조한 바 있다. 개인의 가치가 Big box로 가는 방법 중 하나는 새롭고 차별적인 역량을 가지는 □형태와 새로운 시장(플랫폼)으로 들어가는 []형태가 있다. 그러나 가장 큰 가치의 Big box는 새롭고 차별적인 역량과 새로운 시장(플랫폼)으로 동시에 들어가는 □형태가 될 것이다. 새로운 시장을 선도하는 새로운 역량, 진정한 개인가치의 혁신인 Big box를 만들어가는 것이 긱 이코노미 시대에 지속적이고 영향력 있는 Gold gig worker가 된다.

그러나 지금의 Big box는 곧 다시 Small box라는 사실을 잊어서는 안 된다. 겸손함과 멈추지 않는 노력만이 끊임없이 Big box를 만들어가는 방법임을 되새겨야 한다. 이러한 자세는 아무리 강조해도 지나치지 않는다.

Plus Point ++++++++++++++++++++++++++++++++++
긱 이코노미를 성공하는 10가지 원칙

다이앤 멀케이(카우프만재단 선임연구원, 뱁슨대 겸임교수)가 쓴 『긱 이코노미 정규직의 종말, 자기고용의 10가지 원칙』에서 긱 이코노미를 성공하는 10가지 원칙을 다음과 같이 소개했다.

① 나만의 성공을 정의하라. 내가 꿈꾸는 성공 비전을 파악하라.

② 다각화하라. 기회를 늘리고 기술을 증진하며 네트워크를 넓힐 수 있는 일을 찾아라.

③ 나만의 보장 방법을 만들어라. 고용 보장 따위는 없다. 소득 보장, 출구 전략, 나만의 안전망을 확보하는 방법을 파악하라.

④ 네트워크를 확보하라. 인바운드(in-bound) 네트워크와 아웃바운드(out-bound) 네트워크 중 어떤 것이 자신에게 효과적인지 파악한 뒤, 설득력 있게 요청하고 제안하는 법을 찾아라.

⑤ 위험을 낮춰 두려움에 맞서라. 나의 발전을 막는 큰 두려움을 제거하라. 두려움을 관리 가능한 수준의 위험으로 나눈 뒤 이를 극복할 수 있는 실행 계획을 세워라.

⑥ 일 사이에 휴식을 가져라. 긱 이코노미에서는 원하는 만큼 휴식을 취할 수 있다. 이 시간을 사전에 계획하며 의미 있게 보낼 방법을 궁리하라.

⑦ 시간 관리를 잘하라. 일정을 재조정해 중요한 대상에 시간을 투자하라. 나에게 메이커 스케줄이 맞는지 매니저 스케줄이 맞는지 파악하라.

⑧ 재정적으로 유연해져라. 커피값을 절약해 돈 모으겠다는 생각 따위는 버려라. 나의 재정을 재설계해 유연성과 안전성을 확보하라.

⑨ 소유권이 아니라 사용권을 생각하라. 소유는 베이비부머 시대에나 유용했다. 빚을 적게 지고 더 유연한 방법으로 원하는 것을 사용하라. 주택을 소유해야 한다는 맹목적인 생각에서 벗어나라.

⑩ 은퇴에 대비하되 한 가지 계획에 의존하지는 마라. 언제까지 일해야 할지 항상 생각하라.

3. Let's Co gig! 함께하는 긱 이코노미

Co gig은 Corporation gig의 줄임말로 협력적 긱 이코노미, 협력적 긱 워킹, 협력하는 긱 워커를 말한다. 이는 향후 긱 이코노미의 발전모델을 미리 예측해본 것이다. Gold gig 성향의 플랫폼에 주주(Co founding)로 참여하여 참여자 모두 플랫폼의 경영자(개인 사업자)이자 중개자이며, 소비자가 되는 것을 의미한다. 즉, 긱 워커도 회사의 주인이 될 수 있다는 것이다. 구체적인 형태는 4부에서 자세히 다루겠다.

우선 Co gig을 알아보기 위해 Gig 노동을 재능과 소득에 따라 4가지로 분류해보았다.

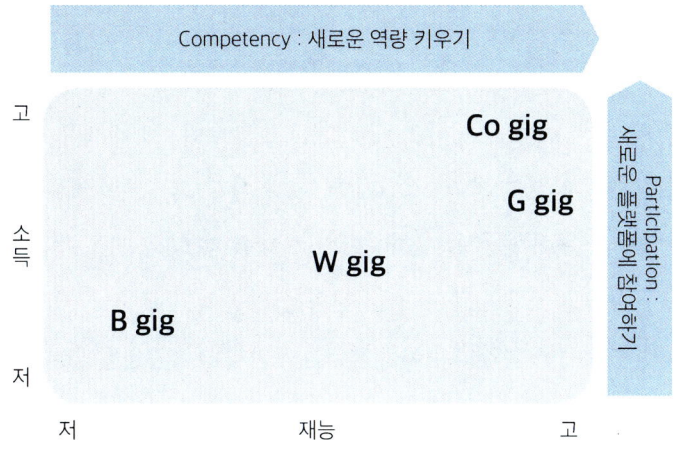

　B gig은 Blue-collar gig 근로로 대리기사, 가사노동, 대리 줄서기, 음식배달, 심부름 대행, 청소 등 특별한 역량이 없어도 노동과 시간만 투입하면 가능한 저숙련의 정형, 비정형화된 근로이다. 이는 그리 높지 않은 수입을 올리는 영역을 말한다.

　W gig은 White-collar gig 근로로 번역, 통역, 디자인, IT 프로그래밍 등 특별한 역량(재능)이 필요한 고숙련의 정형화된 근로를 통해 조금 높은 소득을 올리는 영역을 말한다.

　G gig은 Gold-collar gig 근로영역으로 상담, 컨설팅, 레슨 등 고숙련의 비정형화 근로를 통하여 높은 소득을 올리는 영역을 말한다.

　Co gig은 W gig이나 G gig대비 개인의 재능면에서는 뒤쳐질 수 있다. 하지만 긱 이코노미 시대에는 새로운 협력적 플랫폼을 찾아내는 것도 하나의 재능이다. G gig 보다 재능은 모자랄지 모르지만 플랫폼과의 협력을 통한 시너지로 Co gig의 소득은 제일 높을 가능성이 높다.

이와 같은 긱 이코노미의 발전모델은 코로나-19 대유행 이후 변환기를 가질 것으로 본다. Black swan 현상 이후 대부분의 세계상황이 긍정적으로 변화한 예를 들어, 이번 사태를 통해 플랫폼 경제는 새롭고 긍정적인 모습으로 빠르게 진화될 가능성에 무게가 커진다. 실제로 일부에서는 **기업의 사회적 책임과 개인의 사회 공헌형태로, '세상과 사람들에게 이로운 Co gig 플랫폼'의 태동**이 시작되고 있다. 이것은 매우 바람직한 방향성이다. 필자 역시 Co gig 플랫폼이 여러 부문에서 다양한 형태로 두루 나타나기를 기대하는 1인 중에 하나이다.

Co gig으로 가는 지름길 CP(Competency-Participation) 모델

C(Competency)는 역량개발을 말한다. B gig에서 W gig이나 Co gig으로 가기 위해서는 일단 저숙련 gig 노동에서 고숙련의 gig 노동으로 레벨업 시켜야 한다. 그러기 위해서 해당영역에 필요한 역량을 꾸준히 학습과 경험을 통해 축적시켜가야 한다 – 위 도표의 각 영역에서의 역량은 해당영역에서 일하고 있는 근로자들의 모습이 아닌 그 영역에서 필요한 기본역량으로 이해하길 부탁한다. 자칫 긱 근로자 역량으로 편 가르기 또는 고정관념화 한다는 오해를 없애기 위해서다. 영역별로 자의적, 타의적, 차선책, 자아성취 활동 등으로 참여한 사람들도 많으므로 이들은 기회만 된다면

얼마든지 Gold gig이나 Co gig의 영역으로 이동할 수 있는 능력을 가지고 있을 수 있다 -.

P(Participation)는 새로운 플랫폼에 참여하는 것을 말한다. 진화된 새로운 긱 플랫폼인 Co gig에 참여하는 것이다. 새로운 역량개발과 함께 이루어진다면 지름길을 통해 더욱 신속하게 이동할 수 있다.

요컨대 우리는 직업에 관한한 다양성과 전문성을 동시에 갖추기 위해 실질적인 실력을 쌓는 것에 더 많은 시간을 투자해야 한다는 것이다. 이제 '긱 이코노미'는 '일'을 의미하는 21세기 용어가 되었다. 고로 **'고용보장이 사라지더라도 소득보장이 되는 것'**이 무엇인지를 바르게 인지해야 한다.

컨설팅 회사 프라이스워터하우스쿠퍼스(PWC)에 따르면, 글로벌 재능마켓 규모는 2025년까지 44조 원에 달할 것으로 전망하고 있다. 우리나라도 4조 원대에 육박할 것으로 예측하고 있다. 근로자들이 정규직 근로자로 일할지 단순 긱 워커로 일할지 혹은 골드 긱 워커로 일할 지는 선택의 문제이며 노력의 문제이다. 그러나 필자는 되도록이면 빨리 긱 이코노미 시장에 진입할 것을 권장한다. 자신이 가진 재능에 대한 평가는 스스로가 가장 잘 모르는 경우가 많다. 그래서 먼저 시장에 진입하여 시장의 반응을 살피는 것이 중요하다. 시간이 지나 안목이 생기면 시장의 인사이트를 잘 이해하게 되고, 이에 맞게 개선해나가면 성공확률이 점차 높아지는 것이다. **특히 긱 이코노미의 특성상 시간과 공간을 초월한 거래가 이루어질 경우가 높다는 사실을 고려하면 전혀 예상치 못한 시장에서 인사이트를 발견할 수도 있다.**

그러므로 직장인이라 하더라도 하루빨리 긱 이코노미를 경험하여 새로운 자신의 가치를 키워나갈 것을 적극 추천하고 싶다.

4. 플랫폼에서 노동의 가치를 발견하는 방법

　디지털 플랫폼은 성공적으로 우리의 생활에 파고들었다. 플랫폼 산업이 각광을 받고 추후 성장 가능성은 결코 부정할 수 없는 일이다. 하지만 플랫폼 산업의 불공정성을 더 경계하지 않으면 안 된다. 그들은 얼핏 보면 혁신의 아이콘으로 자유분방하고 신선해보이지만 실상은 긱 근로자들의 절박함과 순수한 열정을 원동력 삼아 발전해 온 부분도 없지 않다. 상생과 협업이라는 '공유'를 표면화하였지만 상업화의 과정에서 철저히 변질되어 가고 있는 것이다. 앞서 살펴봤던 우버의 사태가 그 대표적인 예이다.

　「투명사회」의 저자 한병철은 그의 저서에서 "무제한의 자유와 무제한의 커뮤니케이션은 전면적 통제와 감시로 돌변한다. 소셜 미디어 또한 점점 더 사회적인 삶을 감시하고 이용해 먹는 디지털 패놉티콘[09]에 가까워진다."고 썼다. 패놉티콘이라는 감옥에 수감된 죄수들은 보이지 않는 곳에서 자신들의 행동이 모두 감시되고 있다는 생각에 스스로 규율을 어기지 않으려 노력한다. 이러한 과정이 플랫폼 산업에서도 그대로 적용된다.

우리는 인터넷이라는 정보의 바다에서 자유롭기 보다는 플랫폼의 사업자에게 귀속되어 감시와 관리 하에 점점 더 좁은 세상을 산다. 그럼에도 불구하고 자율적인 활동이 가능하다는 점에서 자신이 관리 대상인지도 모르고 지나간다. 더욱이 나의 노동력의 일부가 아무런 의식 없이 빠져나가도 그것을 매우 자연스러운 것으로 받아들이고 있다. 그리하여 다수를 감시할 권한을 가진 소수만이 어마어마한 부와 권력을 가져가게 되는 것이다. 지금 플랫폼의 속성은 그래서 교묘하다.

플랫폼의 기형적인 수익구조를 개선하지 않으면 긱 이코노미의 긍정적인 측면은 무너지기 십상이다. 플랫폼은 콘텐츠의 창작자 및 사용자, 플랫폼 사업자의 수익 증진이 동시에 이루어져야 한다. 기존의 플랫폼이 인위적인 통제로 사업자의 수익에 치우쳐진다면 언

---

09) 패놉티콘은 그리스어의 '모두'를 뜻하는 'pan'과 '본다'를 뜻하는 'opticon'을 합성한 말로, 죄수를 효과적으로 감시할 목적으로 고안된 원형 감옥을 의미한다. 패놉티콘은 가장 바깥쪽에 원형의 높고 긴 담을 둘러치고 케이크나 피자를 자르듯이 부채꼴 모양으로 칸을 나누어 놓은 형태로, 단 한 사람의 간수로도 다수를 완벽하게 감시할 수 있다. [네이버 지식백과] 스마트 감시 (과학기술, 첨단의 10대 리스크, 2016. 4. 1., 조항민, 김찬원)

젠가는 긱 워커는 물론 모든 사용자들의 외면을 받을 것이 분명하다. 플랫폼의 생명력은 네트워크 안의 구성원들 사이에 자발적으로 일어나는 커뮤니케이션과 자연스럽게 발생하는 수익의 측면이 중요한 역할을 한다. 그러기 위해서는 플랫폼 사업의 주체는 어디까지나 사용자(창작자를 포함한 모든 유저) 위주로 열려 있어야 하며, 신뢰성을 바탕으로 한 자유로운 환경을 보장해주는 것이 필요하다.[10]

코딩 교육 전문가인 미첼 레스닉 MIT 석좌교수는 최근 서울경제지와의 인터뷰에서 "연구자들은 완전히 새로운 아이디어와 발명을 언급하기 위해 '빅(Big)-C(Creativity)'라는 개념을 쓴다"면서도 "나는 작은 창조성, 즉 '리틀(Little) C'에 관심이 있다"고 설명했다. 또 "모든 사람이 잡스처럼 빅 크리에이티브가 되지 않을 것이라는 게 사실"이라면서도 **"작은 창의성은 모두에게 유용할 수 있고 그것은 그들의 삶에 기쁨과 의미·성취감을 줄 수 있다"**고 전망했다. 예를 들어 처음 종이클립을 발명한 것은 '빅 C'지만 일상생활에서 종이클립을 이용하는 새로운 방법을 생각해 낼 때마다 그것은 '작은 C'가 된다는 것이다.[11]

이러한 '작은 C'의 개념을 디지털 플랫폼에 적용할 수 있다. 이미 많은 기업의 플랫폼이 출시되고 많은 긱 워커와 사용자들에게 활용되고 있다. 우리는 이 '빅 C'에 '작은 C'의 개념을 더해 더 나은 디지

---

10) 최광헌, 김준익. (2017). 콘텐츠 플랫폼의 수익모델 혁신 전략에 대한 고찰. 한국디지털콘텐츠학회 논문지, 18(7), 1267-1280.
11) 서울경제, [신년기획 인터뷰]"AI 시대 걸맞은 통합 프로젝트 가르쳐야", 김영필 기자, 2020-01-20
　　출처 : https://www.sedaily.com/NewsView/1YXPZCSNSN

털 플랫폼으로 진화해나가도록 해야 한다. 또한 플랫폼에서 일을 하는 수많은 근로자들에게 노동의 가치를 발견할 수 있는 새로운 대안을 마련해줘야 한다. 단순히 근로자의 노동력을 돈벌이의 수단으로 삼을 것이 아니라 사업자와 근로자가 서로 협동하여 플랫폼의 생산성을 향상시키는 것이 우리가 앞으로 나아가야 할 미래의 플랫폼 산업이며 궁극의 긱 경제이다.

다행히 우리는 '작은 C'가 될 또 다른 '빅 C'의 해답지를 갖고 있다. 2008년, 사이버 유토피아를 꿈꾸는 사람들은 분권화, 탈중앙화를 실현할 새로운 시스템과 마주하게 된다. 그것은 '투명성과 무결성'이라는 새로운 가치를 만들어내며, 기존 플랫폼이 지닌 구조적인 문제를 해결하여 플랫폼 이용자들의 콘텐츠 창작과 건강한 소비활동을 증진시킬 수 있을 것이라 기대하고 있다. **변질된 디지털 자본주의에서 새로운 기회로 찾아온 '작은 C', 바로 '블록체인'과의 결합이다.**

긱 이코노미 시대, 블록체인 활용법

만약에 플랫폼의 중간 개입을 최소화하고 긱 워커에게 직접 보상을 해줄 수 없을까? 또한 창작자 외에도 트래픽을 올려 줄 사용자에게 수익의 일부를 환원할 수는 없는 걸까? 플랫폼을 사용하며 이런 의문점을 가져보게 된다.

가령, 유명 인플루언서나 유튜버의 영상이 있다고 치자. 그들 창작자들은 해당 플랫폼에 자신의 콘텐츠를 올려서 조회수를 기반으로 수익을 얻는다. 물론 그 과정에서 플랫폼 기업의 규정에 따라 간접 보상이 이루어진다. 이것은 매우 당연히 여기는 소득 분배의 원칙이다. 하지만 플랫폼에 가입하고 창작자들의 영상을 살피며 '좋아요'를 눌러주는 사용자들의 행위에 대해서는 어느 누구도 보상하려 하지 않는다. 작은 노동의 관점에서 보면 사용자가 하는 행위도 엄연히 노동인데 말이다.

플랫폼의 유지는 기본적으로 사용자의 흡수와 활동력에 달려있다. 창작자만 있고 사용자가 없다면 플랫폼은 존재할 수 없다. 그런 측면에서 사용자 역시 플랫폼에 도움을 주는 긱 워커이며, 창작자에게 수익을 선물하는 사업자인 셈이다. 그들이 영상을 보고 '좋아요'를 누르는 순간도 작업의 일종이다. 이런 작은 행위들이 모여서 플랫폼이 성장하게 되는 것이다. 따라서 플랫폼의 수익 분배는 모든 유저들에게까지 확대되어야 마땅하다.

예전에 인류는 어떻게 함께 협업을 하고 이익을 나누었을까? 가장 보편화된 모델이 협동조합 시스템이었다. 협동조합은 수익이 날 때 특정한 주체가 가져가지 않고 각자 참여자들이 모여 공동으로 일하고 각자 기여한 만큼 공정하고 투명하게 이익을 가져가는 시스템이었다.

블록체인의 사회경제적인 큰 의의는 이 협동조합의 시스템을 기술을 통해서 다시 부활시킬 수 있다는데 있다.

프리랜서 기고가 앤드류 아놀드는 〈포브스〉에 블록체인 기술로 긱 이코노미 시대 노동 및 고용의 안정성을 높일 수 있다는 글을 기고한 바 있다. 그는 **"블록체인의 장점은 투명하고도 영원히 변하지 않는 원장을 모두에게 분배한다는 것이며 이런 점은 프리랜서 산업 전반에 이점을 가져다 준다"**면서 블록체인의 장점 3가지를 제시했다.

첫째로, 노동의 대가 지급 방법의 개선으로 암호화폐로의 지급을 제시했다. 노동의 대가를 암호화폐로 지급하는 것은 많은 장점이 있다. 암호화폐는 전통적인 화폐보다 훨씬 낮은 수수료로 주고받을 수 있다. 우버의 사례를 들어보자. 우버는 20%의 플랫폼 수수료를 우버 기사들로부터 가져가고 있다. 그로인해 우버 기사들은 여전히 가난에서 벗어나지 못하고 있는 실정이다. 이 상황을 극적으로 해결할 수 있는 방법은 우버가 탈중앙화 방식으로 변신한 다음에 '우버 토큰'을 발행하여 우버를 타는 비용을 '우버 토큰'으로 받는 경제를 만드는 것이다. 그러면 탈중앙화 된 우버는 20%의 거래 수수료를 가져가지 않을 것이다. 또한 플랫폼이 투명하고 공정하게 이익을 배분할 수 있어 더 많은 사람들이 우버 토큰을 사용할 가능성이 높다. 우버의 운전자들은 생활에 필요한 최소한의 비용만 토큰을 팔아서 충당하고 나머지는 보유한다면 우버 토큰의 가치는 상승하게 되어 추가의 수익도 기대할 수 있다.

둘째는, 작업증명(PoW-Proof of Work)을 통해 지적자산을 보호할 수 있다. 블록체인 기술로 전문적인 긱 워커인 프리랜서의 지적 재산권과 저작권을 보호할 수 있다. 프리랜서가 특정 저작물을 만들면 블록체인의 작업증명 방식으로 그 저작권, 독점권을 증명하는 것이다. 이를 통해 프리랜서는 자신의 작업에 대해 위변조가 불가능한 권리를 가질 수 있다.

마지막으로 스마트계약(smart contract)으로 비윤리적 계약을 막을 수 있다. 많은 프리랜서 계약은 여전히 허술한 계약서 아래 이뤄지는 경우가 많다. 이는 프리랜서와 고객 모두에게 위험으로 작용한다. 블록체인 기술은 스마트계약으로 두 당사자 간 신뢰를 보증할 수 있다. 즉 프리랜서와 고객이 작업 결과물, 완료 일정, 수수료 등 계약 내용을 블록체인 위에 올리면 그 이행 여부가 모두에게 투명하게 제공되고, 이행되지 않을 경우 자동적으로 계약 성사 여부가 달라진다. 이 과정은 애초 계약에 따라 합의했던 기계적 프로세스로 인해 이뤄지므로 이론의 여지가 없다.

이러한 이상적인 사이버 유토피아는 점점 현실화 되어가고 있다. 블록체인이라는 플랫폼이 기존의 콘텐츠 플랫폼에 도입되면서 세간의 관심을 끌고 있다. '디튜브'라는 한 동영상 서비스업체는 블록체인을 적용하여 플랫폼의 중간 개입을 최소화하고 창작자에게 직접 보상을 해준다. 그것이 가능한 까닭은 블록체인으로 생성된 가상화폐가 조회수에 따라 시시각각 지급되며, 달러로 표시되어 창작자가 바로바로 정산할 수 있게 했기 때문이다. 이는 기존 플랫폼과는 달리 콘텐츠를 올리는 사람이라면 누구나 보상을 받을 수 있다는 게 또 하나의 특징이다. 조회수가 1명이라도 그 1명에 대한 보상이 실시간으로 이뤄지는 것이다.

블록체인 플랫폼, 수익 분배의 문제를 해결하다

　기존 콘텐츠 플랫폼은 창작환경은 자유로워도 수익 분배에서는 특정 크리에이터나 블로거 등을 선별해 정산한다. 조회수 및 구독수를 토대로 트래픽 기여도를 판단해 광고 수입 등의 일부를 지급하는 방식이다. 이 같은 방식으로 인해 트래픽 기여도에서 소외된 창작자와 소비자들은 생산활동에 대해 일체 보상을 받을 수가 없다. 플랫폼은 그들의 콘텐츠로 돈을 벌면서 말이다. 이 같은 정산문제를 해결한 것이 블록체인을 기반으로 한 플랫폼이다.

　'디튜브'의 경우처럼, 블록체인을 적용하여 코인을 형성하면 이를 플랫폼 이용자 모두에게 지급하는 형식이다. 조회수, 좋아요 수를 높이거나 댓글을 다는 행위에도 보상이 주어진다. 이는 플랫폼을 활성화 시키는데 기여했기 때문이다. 지급된 코인은 현금화하거나 플랫폼 안의 다른 유료 서비스를 결제하는데 사용할 수도 있다.

또 하나 장점은 중앙화 된 시스템이 없어 과도하게 부과되는 수수료 문제도 해결한다. 이는 크리에이터들에게 굉장히 반가운 일이다. 수수료가 적고, 트래픽에 따라 공정한 수익을 받는 플랫폼이라면 많은 창작자들의 관심을 끌 것이 분명하다. 그러므로 블록체인 플랫폼은 사업자의 수익을 줄이는 것이 아니다. 오히려 다양한 콘텐츠를 확보하여 결과적으로 플랫폼 이용을 활성화시킬 수 있다.

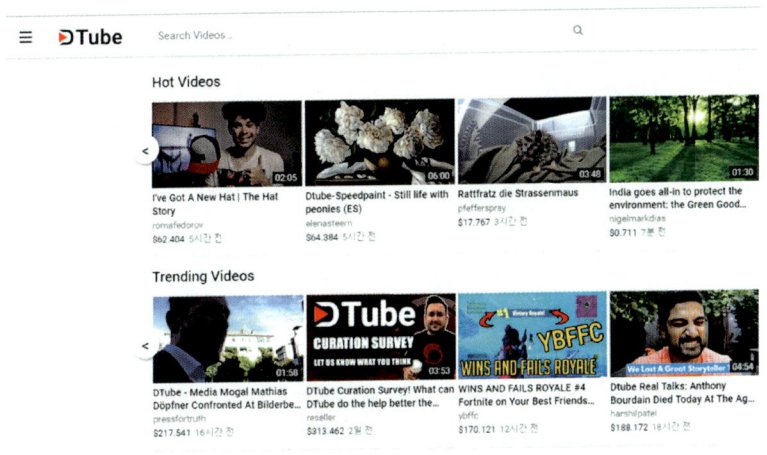

최근에도 국내 통신기업 KT가 블록체인 기반 펀딩 플랫폼을 만들고 K(케이)토큰을 발행하고 있다. 카카오의 자회사 그라운드엑스는 블록체인 앱 서비스와 플랫폼 사업을 준비 중이다. 모두 가상화폐로 수익을 분배할 예정이다. 대형 플랫폼에 몰린 사용자들의 눈을 돌리기 위한 현명한 전략이다. 블록체인 기반 플랫폼으로 모든 참여자에게 수익이 돌아가는 생태계를 정착시키면 서비스 이용량도 자연히 늘 것이다. 따라서 앞으로 플랫폼 시장은 가상화폐로 수익을 분배하는 형태로 빠르게 전환되리라 예상해본다.

5. 긱 이코노미의 성장과 플랫폼의 연결고리 '블록체인'

한국정보화진흥원(NIA)는 '2020년 ICT 이슈와 9대 트렌드 전망'을 다음과 같이 내놨다.

"올해를 기점으로 향후 10년간 정치·경제·사회 전반에 디지털 전환을 가져올 핵심 기술은 인공지능(AI), 5세대(5G) 이동통신, 자율주행, 블록체인, 로봇, 맞춤의료이다."

이러한 기술이 사회에 미칠 영향력은 매우 클 것이다. 특히 경제·산업 분야에서 신뢰의 기술로 떠오른 블록체인은 모든 산업의 기반이 되고 있다. 일찍이 「유엔 미래보고서 2050」과 세계경제포럼(WEF,

<‘2020년 ICT 기반 9대 트렌드 전망'>

자료=한국정보화진흥원(NIA)

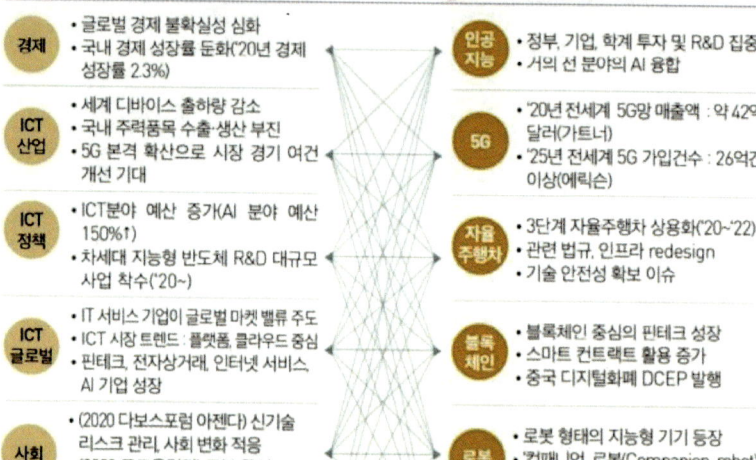

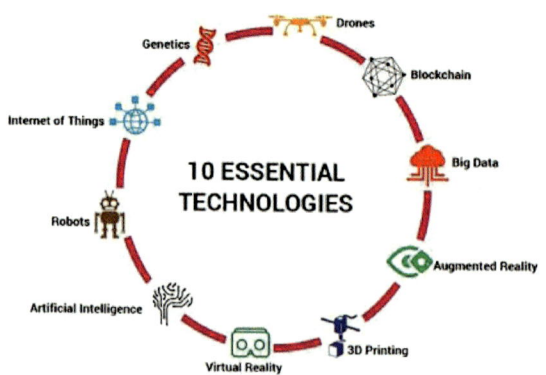

경영 컨설팅 회사인 '자마스터'도 블록체인을 10대 유망기술 중 하나로 선정했다.

자료: 가트너[https://www.gartner.com/smarterwithgartner]

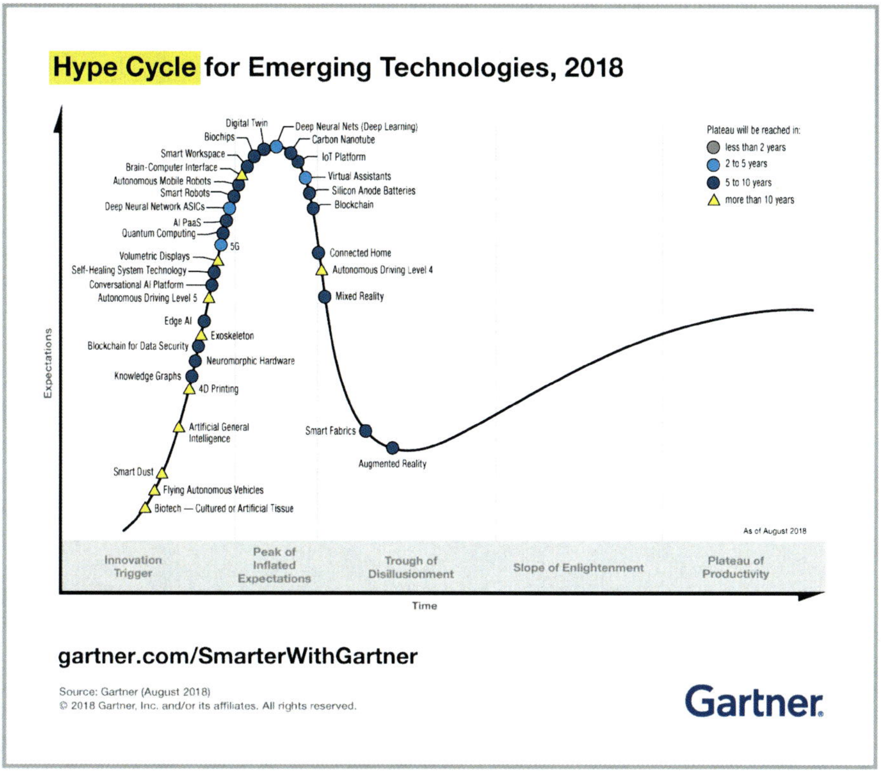

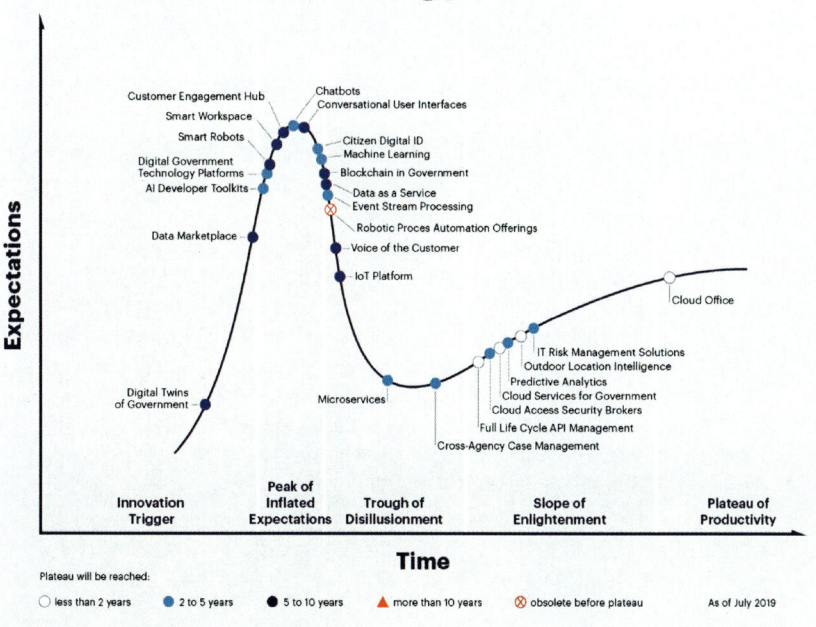

다보스포럼)에서도 블록체인을 10대 유망기술로 선정됐다. 국내에서도 마찬가지로 한국과학기술정책연구원에서 블록체인은 14대 주요 과학 추세 중 하나로 꼽았다.

전 세계 유수의 기관에서 블록체인을 높게 평가하고 있는 것은 그만큼 디지털 기술에 지대한 영향력을 미치고 있다는 증거다. 단순히 전망이 아니라 블록체인 플랫폼은 디지털 시대에서 생존과 번영을 누릴 수 있는 메가 트렌드이다. 미국의 정보기술 연구 및 자문 회사인 '가트너'가 매년 내놓는 Hype Cycle(하이프 사이클)[12]에서도 블록체인의 기대치를 확인할 수 있다.

하이프 사이클을 살펴보면 블록체인의 발전 추이와 위치를 파악할 수 있다. 개인의 블록체인산업과 정부 주도의 블록체인 산업은 이제 '높은 기대치'를 받는 2단계와 '기술의 출시'인 3단계의 선에 맞닿아 있다. 또한 가트너는 일관되게 블록체인의 상용화 시점을 향후 5년~10년으로 바라보고 있다. 이미 정점을 지난 블록체인은 이제 거

---

12) Hype Cycle(하이프 사이클)은 기술의 성숙도를 표시하기 위해 개발되었고, 다양한 산업에서 자신들의 기술이 어느 정도 위치에 있는지 알기 위해 많이 활용하는 지표이다.
Hype Cycle(하이프 사이클)은 첨단기술을 총 5단계로 분류한다. 1단계는 '기술 방아쇠(Technology trigger)'다. 여기에 속한 기술들은 여전히 연구개발 단계에 머무는 경우가 많다. 2단계는 '기대의 정점(Peak of inflated expectations)'이다. 각종 미디어로부터 하늘 높은 기대치를 받는 시기다. 3단계는 '환멸의 계곡(Trough of disillusionment)'이다. 여기에 도달한 기술은 출시 제품이 많지 않은 탓에 대중의 관심이 급격하게 식는다. 환멸의 계곡을 넘은 기술은 4단계인 '계몽의 언덕(Slope of enlightenment)'에 다다른다. 이때 기업들은 향상된 기술로 2·3세대 제품을 내놓는다. 마지막 5단계는 '생산 안정기(Plateau of productivity)'다. 기술이 대중적으로 쓰이는 단계다.

품이 꺼지고 본질이 제대로 파악되기 시작했다는 의미이기도 하다.

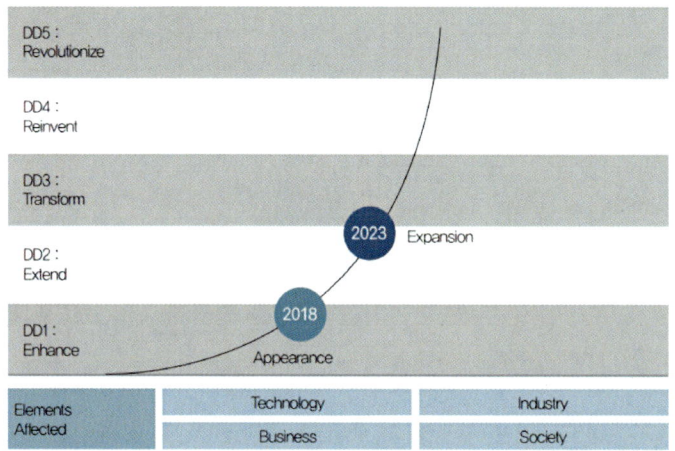

〈디지털 파괴 척도에 따른 블록체인 전망〉
자료: Gartner(2018), Digital Disruption Profile: Blockchain's Radical Promise Spans Business and Society.

앞으로 블록체인은 5단계인 생산 안정기까지 가는 동안 무수히 많은 블록체인 결합 플랫폼이 등장하고 사라질 것이다. 하지만 중요하게 파악해야 할 것은, 지금이 블록체인 플랫폼 산업에 가장 중요한 변곡점이 된다는 사실이다. 이때를 잘 활용하지 못하면 우리는 바로 앞의 금광을 보고도 눈 감아버리는 꼴이 되는 것이다.

왜 블록체인일까?

이쯤 되면 이런 의문점이 생기게 된다. 과연 유수의 기관들이 블록체인을 주요 추세로 평가하는 까닭은 무엇일까? 그것은 바로 블록체인이 갖는 독특한 특성 '신뢰성'때문이다. 블록체인이 제공하는 가치는 다음과 같다.

첫 번째는 **'공유'**의 가치이다. P2P를 기반으로 하고 있는 블록체인은, 입력된 정보를 실시간으로 모든 노드 간에 공유한다. 그래서 두 번째 **'투명성'**과 **'무결성'**이라는 가치를 만들게 된다. 블록체인은 정보가 모든 원장에 동시에 기록되기 때문에 조작이 어렵고, 노드 간에 끊임없이 저장 정보를 비교하여 위변조 하는 것을 어렵게 만든다. 만약에 정보가 불일치한다면 다수결의 원칙에 따라 불일치 된 정보 하나를 수정하는 방식이다. 그러므로 정보를 조작하려면 동시에 절반이상의 노드를 해킹해야 하는데 지금으로써는 거의 불가능에 가깝다.

결국 블록체인은 공유와 투명성·무결성을 바탕으로 **'신뢰성'**이라는 최종의 가치를 제공한다. 기존 플랫폼의 신뢰 인증과정에서 드는 비용을 절감하는 동시에 더욱 신뢰를 강화해 주는 것이다. 이것은 그야말로 혁신이다. 블록체인 덕분에 수많은 기업들은 거래 비용을 획기적으로 줄일 수 있어 연간 수억 원의 비용을 절감할 수도 있다. 그러니 누군들 블록체인에 관심을 두지 않을 수 있을까 싶다.

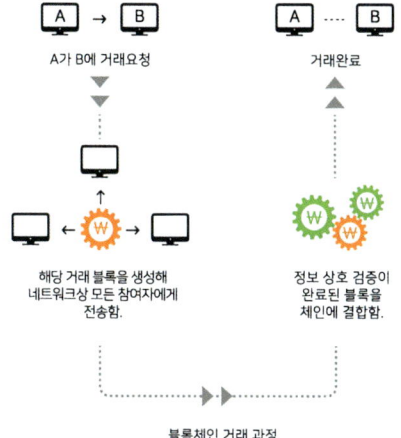

블록체인 거래 과정

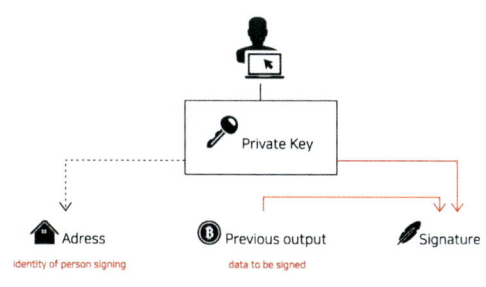

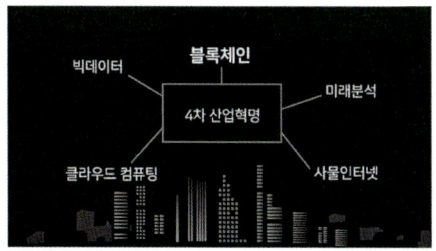

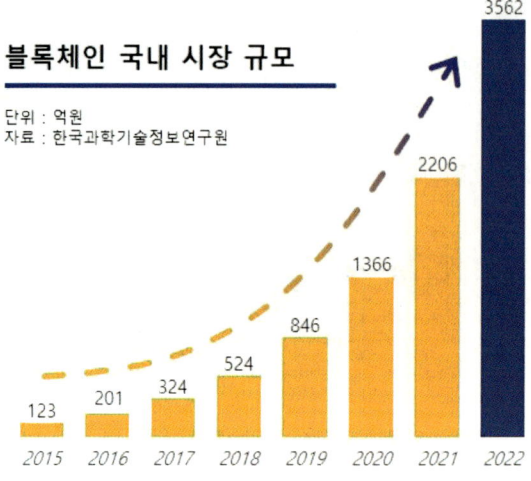

Source: 한국과학기술정보연구원(2018)

    정보통신산업진흥원(NIPA)이 발간한 '블록체인 산업 현황 및 국외 정책 동향'에 따르면, 국내 블록체인 시장은 지난해 1366억 원 규모로 성장한데 이어 2021년 2206억 원, 2022년 3562억 원으로 증가해 높은 성장세를 기록할 전망이라고 한다.[13]

    NIPA는 또한 블록체인 시장이 암호화폐 중심의 1세대 기술에서 스마트 계약을 제공하기 위한 2세대, 속도·확장성·상호 운용성 등

---

13) 정보통신산업진흥원, 이슈리포트 2019-38호 '블록체인 산업 현황 및 국외 정책 동향'. 정기수 수석, 김대원 수석, SW산업본부 블록체인산업팀.
http://search.naver.com/search.naver?f=&fd=2&filetype=0&nso=so%3Ar%2Ca%3Aall%2Cp%3Aall&query=%E2%80%98%EB%B8%94%EB%A1%9D%EC%B2%B4%EC%9D%B8+%EC%82%B0%EC%97%85+%ED%98%84%ED%99%A9+%EB%B0%8F+%EA%B5%AD%EC%99%B8+%EC%A0%95%EC%B1%85+%EB%8F%99%ED%96%A5%E2%80%99&research_url=&sm=tab_nmr&start=1&where=webkr&url=https%3A%2F%2Fwww.nipa.kr%2Fmain%2FdownloadBbsFile.do%3Fkey%3D116%26bbsNo%3D11%26atchmnflNo%3D10978&ucs=td7KO%2BlKtd7E

기술 완성도에 초점을 맞춘 3세대로 발전하고 있다고 진단했다. 실제 3세대 블록체인은 다양한 유·무형 자산을 거래하는 플랫폼으로써 활용영역을 넓히고 타 산업과 융합이 활발히 진행되고 있다.

· · ·
타 산업에 접목된 블록체인 특허 기술 동향

경영전략의 대가 '피터 드러커(Peter Drucker)'는 "혁신 기술은 새로운 기술이 아닌 기존 기술을 가지고 사회를 변혁시키는 기술"이라고 했다. 블록체인 역시 그 자체에 대한 변화보다 블록체인 기반으로 한 서비스가 강세이다.

블록체인 전문 시사지 코인데스크(Coindesk)의 발표에 의하면, 미국의 블록체인 특허수는 2012년에 71개였던 것이 2016년에는 469개로 무려 6배나 증가했다고 한다. 2018년까지는 무려 1833건의 특허를 출원한 것으로 알려졌다. 미국보다 무서운 기세로 블록체인 특허를 챙기는 나라는 중국이다. 중국은 2018년 사이에 4435개의 특허를 출원해 블록체인 특허수에서 세계적인 선두주자로 가파르게 상승하고 있다. 미국과 중국의 블록체인 산업의 패권경쟁은 앞으로도 눈여겨 볼 흥미로운 구도이다.

<세계 지역별 블록체인 투자 전망>
자료:IDC Worldwide Semiannual Blockchain Spending Guide, 2017H1

한국은 세계 3위의 블록체인 특허수를 가지고 있다. 특허청의 자료 조사에 따르면, 국내 특허수는 2016년부터 가파르게 증가하여 2017년에는 240개의 특허를 출원했다. 2019년 말 기준 국내 블록체인 특허 신청 누적 건수는 921개이다.

산업분야별로 출원 동향을 살펴보면, 2017년까지는 e-커머스(57.5%), 통신(28.3%), 컴퓨터(11.7%) 등 ICT 분야에 집중되어 있었다. 그러나 최근에는 통신과 컴퓨터 분야에서 출원이 점차 증가하고 있고 타 산업 전반으로도 확대되는 추세이다. 다만 아쉬운 것은 한국이 세계 3위의 블록체인 특허수를 가지고 있다 하더라도 미국과 중국에 비하면 현저히 떨어지는 수치이다. 아무래도 국내 정서와 여전히 확립되지 못한 정부정책이 원인이 되지 않았나 싶다. 하지만 블록체인 산업에 대한 정부지원이 약속되고 있는 상황이라는 점에서 관련 특허도 더욱 많아질 것으로 예상한다.

<2019년 말 기준, 세계 블록체인 특허 신청 누적 순위 톱10 국가>

자료=이노조이

순위	국가	누적 특허 신청 건수 (단위: 건)
1	중국	1만2천430
2	미국	2천404
3	한국	921
4	프랑스	726
5	독일	601
6	스페인	600
7	일본	423
8	오스트레일리아	302
9	영국	267
10	캐나다	262

이제 블록체인은 기술 자체 보다는 이를 가지고 어떻게 사회를 변화시킬 것인지에 초점을 둬야 한다. 「아이디어가 자본을 이긴다」의 저자이자 독일의 창업 분야 최고 권위자인 베를린 자유대학교 경영학과 교수 '귄터 팔틴(Gunter Flatin)'은 그의 저서에서 '수요'와 '아이디어'가 창업을 끌어내는데 가장 중요한 요소라고 강조했다. 이는 즉, 블록체인에 필요한 수요를 찾고 아이디어를 구현해야 한다는 것이다. '어떻게' 블록체인을 활용할 것이냐, 기술이 아닌 혁신에 주목해야 한다.

6. 왜 플랫폼 기업들은 테크핀에 뛰어들까?

경제는 돈이 집중된 곳으로 흐른다. 돈은 미래를 알고 있다. 미국과 중국이 21세기 패권경쟁에서 선두자리를 놓지 않으려는 것은 한마디로 '돈 냄새'를 맡았기 때문이다. 무엇이 돈이 되고 미래의 먹거리인지 그들은 매우 잘 안다. 돈의 길목을 잡으면 세계경제를 손아귀에 진다는 사실도. **자본주의 세상에서 '돈은 곧 권력'**이다.

미국이 글로벌 리더로써 지금까지 건재한 것도 바로 돈의 힘이다. 2차 세계대전 이후 미국은 1944년 브레튼우즈에서 열린 국제회의에서 미국 달러를 기축통화로 삼는다. 당시 영국의 파운드화가 널리 사용됐지만 미국이 최대의 금 보유국으로 일방적인 결정이었다 해도 무관했다. 금본위제를 시행하던 당시 미국의 파워는 막강했다.

석유업의 록펠러, 철강업의 카네기, 금융업의 모건, 철도업의 밴더빌트와 굴드 등 미국의 기업들은 세계를 쥐락펴락 했다. 이러한 거대 기업이 포진된 미국의 압력에 IMF의 기준화폐는 금을 기준으로 하는 미국달러로 정해진다. 금 1온스당 35달러로 태환해주는 것을 보장했지만 이러한 금본위제가 깨진 것은 1971년 8월 15일이다. 이른바 '닉슨 쇼크'라고 불리는 '달러화에 대한 금태환 중지' 선언을 해버린 것이다. 이후 보다시피 세계는 달러의 시대를 살아간다.

그러나 지금까지 굳건했던 달러의 지위는 뜻하지 않은 곳에서 위협을 받고 있다. 바로 디지털 세계에서다. 2009년 정보의 위변조를 원천 봉쇄하고 서로 신뢰할 수 있으며, 누구의 간섭도 없는 탈중앙화의 화폐가 존재하게 된 것이다. 블록체인을 엔진으로 장착한 암호화폐 '비트코인'의 탄생이다.

세계는 여러 차례 법정화폐의 배신을 겪었다. 1998년 아시아 외환위기, 2000년 IT버블 붕괴, 2008년 미국의 세계 4대 투자 은행 중 하나인 리먼브라더스의 파산과 세계 금융 위기 등이다. 이 비극들은 베이비부머 세대를 희생양으로 삼고 지금의 밀레니얼 세대까지 부메랑을 맞게 했다. 법정화폐와 기존 금융 시스템에 대한 맹목적인 신뢰가 돌이킬 수 없는 생채기를 낸 것이다. 인류는 이러한 신용의 배신을 묵과하지 않았다. 사회적 부조리를 경험하고 난 후에야 금융과 화폐의 변화가 시작됐다. 모두가 정보를 공유하고 신뢰의 증인이 되며 불필요한 비용이 없는, 다양한 위험이 사전에 차단된 돈 '비트코인'에 열광한 것이다. 지금은 비트코인을 필두로 수많은 암호화폐들이 등장하고 있다.

　탈 중앙화된 디지털 화폐들은 미래 결제 수단으로 도약을 시작했다. 미국은 달러화를 무너뜨릴 이 자유로운 화폐의 성장을 막지 않으면 안 됐다. 하지만 디지털의 세계를, 특정 시스템에 지배당하지 않으려는 인류의 의지를 전부 통제할 수는 없다. 그러므로 그들이 세운 새로운 계획은 플랫폼의 시대까지 독점하는 것이다. 이미 그 목적은 매우 잘 실현시키고 있다. 애플, 페이스북, 우버 등 수조원대의 이익을 올리는 세계의 플랫폼 기업은 전부 미국 내에 있다. 디지털 시장에서도 미국은 경쟁자 없는 21세기형 독과점을 보여주고 있다. 이들의 다음 목표는 디지털 화폐를 장악하는 것이다. 블록체인과 디지털 화폐가 만드는 플랫폼으로 배를 불리는 미래의 생존전략, 돈의 힘을 다시 손아귀에 쥐려한다.

　중국의 야욕도 이와 다르지 않다. 중국의 위안화는 2016년이 되어서야 IMF의 통화 바스켓 SDR(특별인출권)[14]에 정식 편입됐다. 하지만 위안화이 비중은 10.92%로, 결제 비율은 1.89%(2019년 3월 기준)로 더 낮다. 이는 중국의 인구나 시장규모에 비하면 꽤나 자존심이 상하는 수치이다. 중국이 디지털 화폐에 더 관심을 두는 이유도 이와 무관하지 않다. 정부 규제와 달리 중국내 비트코인 보유량은 세계 최대다. 뿐만 아니라 중국 인민은행은 디지털 경제 주도권을 잡

---

14) IMF가 1969년 국제준비통화인 달러와 금의 문제점 보완을 위해 도입해 1970년에 정식 채택한 가상 통화이자 보조적인 준비자산이다. SDR는 회원국들이 외환위기 등에 처할 때 담보 없이 달러, 유로, 파운드, 엔화 등을 인출할 수 있는 권리로 달러, 유로, 파운드, 엔 등 4개 통화로 구성돼 있었으나 중국의 위안화가 편입되면서 5대 통화체제로 되었다.[출처:연합뉴스, '위안화 기축통화 IMF 특별인출권(SDR)이란', 홍덕화.]
https://www.yna.co.kr/view/AKR20151130202600009

기 위해 중앙은행 발행의 국가 '디지털 화폐 CBDC(Central Bankissued Digital Currency)' 발행을 준비 중이다. 또한 중국 내 거대 플랫폼인 알리바바, 텐센트, 화훼이 등도 블록체인을 기반으로 각자의 디지털 금융을 다지고 있다. **신축성 있는 화폐를 운용하는 힘을 갖는 것이 결국 세계 경제의 우두머리가 된다는 것**을 익히 보았기 때문이다.

앞으로 네트워크가 그물망처럼 얽힌 초연결 사회(hyper-connected society)[15]에는 빠르고 정확한 금융 서비스가 더욱 절실하다. 인터넷과 모바일, 오프라인과 온라인이 본격적으로 융합이 시작되면 결제와 화폐의 기능을 원활하게 만드는 것이 핵심이다.

플랫폼의 사용 주체인 밀레니얼 세대들은 디지털로 금전관리를 하는 것에 익숙하다. 그들에게 화폐의 연결성은 곧 유저의 확장성으로 이어진다. 따라서 플랫폼의 장악을 위해서는 모든 네트워크와 연결이 이루어지는 강력한 디지털 금융이 필요하다.[16] 그러므로 거대 플랫폼 회사들이 자사만의 금융 업무로 영역을 확장하여 '테크핀[17]'의 시대를 여는 건 어쩌면 자연스러운 현상이다.

'블러(Blur)효과'라는 것이 있다. 흔히 포토샵 등에서 사진이나 글씨의 경계를 흐릿하게 해주는 현상인데, 스탠 데이비스와 크리스토

---

15) 초연결 사회란 캐나다 사회과학자인 애나벨 콴-하세(Anabel Quan Hasse)와 베리 웰먼 (Barry Wellman)이 처음 정의한 용어로, 네트워크로 연결된 사회에서 상호 소통이 다차원적으로 확장되는 현상을 의미한다.
16) 한국금융투자자보호재단, 'WEF, 새로운 세대를 위한 4가지 핵심 금융 서비스', 2019.
17) 테크핀의 경우 핀테크와 마찬가지로 금융에 기술을 더하여 혁신을 추구한다는 점에서 비슷하다. 하지만 그 혁신의 주체가 금융회사가 아닌 경우를 테크핀이라 칭한다. 테크핀은 Tech와 Finance의 복합어로, 기업들이 금융에 혁신을 이끌어가는 것이라 볼 수 있다.

마이어의 저서 「Blur:The speed of Change in the Connected Economy」에서는 '산업의 경계가 무너지는 현상'으로 적었다. 1970년대에는 컴퓨터 기술이, 2000년대는 모바일 기술이 산업간 경계를 흐릿하게 했다. 4차 산업혁명으로 기술이 가속화 되는 긱 이코노미에는 기존 산업 경계는 더욱 의미가 없어졌다. 이러한 현상을 '빅블러(Big Blur)'라 부른다. 거대 플랫폼 기업들은 영역 확장으로 테크핀에 뛰어들며 빅블러 현상을 주도하고 있다. 그들로 인한 금융의 변화는 충분히 예고되고 있다.

■ 핀테크의 강국 중국, 알리바바-앤트파이낸셜

"미래 금융에는 두 가지 큰 기회가 있다. 하나는 모든 금융 기관이 온라인으로 가는 온라인 뱅킹일 것이고, 다른 하나는 순수 외부인들이 이끄는 인터넷 금융이다."

알리바바의 공동창업자인 마윈은 금융시장의 미래를 이렇게 내다봤다. 그는 인터넷 기업이 금융의 혁신을 주도할 것임을 강조하며 '테크핀'이라는 용어를 처음 사용했다. 핀테크가 기술을 활용한 금융의 혁신을 의미한다면 마윈이 사용한 테크핀은 그 금융의 혁신을 주도할 주체를 명확히 드러낸 것이다.

중국은 현재 가장 선진화된 핀테크 생태계를 구축하고 있는 나라이다. 글로벌 회계법인 KPMG가 지난 10월 내놓은 '세계 100대 핀테

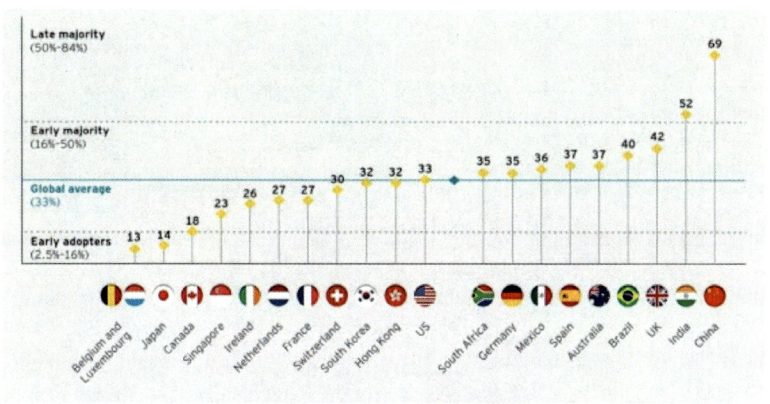

자료:Ernst&Young 분석

크 기업' 순위에 따르면 1위는 전자상거래 업체 알리바바의 자회사인 중국의 앤트파이낸셜이었다. 이외에도 JD파이낸스(2위), 두샤오만파이낸셜(4위), 루팍홀딩스(10위) 등 4개의 중국 기업이 10위권에 이름을 올렸다.

현재 중국의 결제시장은 앤트파이낸셜이나 텐센트와 같은 IT기업이 주도하고 있다. 중국의 최대 전자 상거래 플랫폼인 알리바바로부터 2011년 분사한 앤트파이낸셜은 대표적인 테크핀의 예이다.

알리바바는 중국의 아마존으로 불린다. 그들은 온라인 쇼핑몰에 그치지 않고 영역을 확장해 금융사업과 클라우드 컴퓨팅에도 진출했다. 2018년 시가 총액은 약 1500억 달러(원화 약 168조 8000억 원)에 달하며 글로벌 핀테크 기업 중에서 기업가치 순위 1위이다. 금융시장 인프라가 낙후된 중국시장에서 알리바바는 어떻게 성공할 수 있

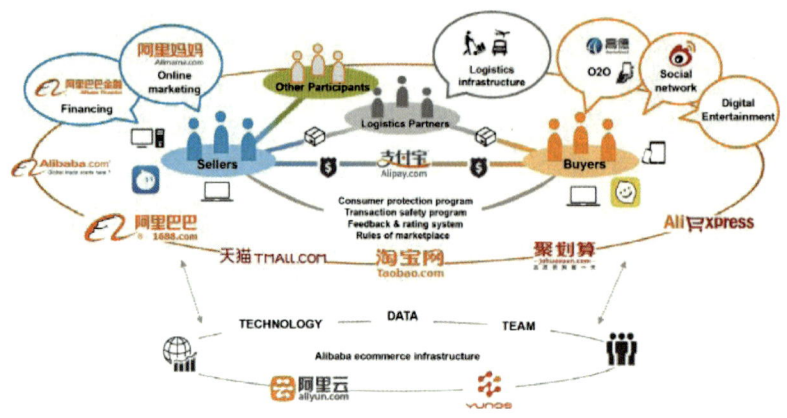

었을까?

　마윈은 플랫폼의 장점을 한껏 활용했다. 플랫폼 속에 전자 결제 시스템인 '알리페이'를 만들어 중국 소비자를 모바일 결제로 끌어들였다. 게다가 모바일 결제를 통해 얻은 빅데이터를 마케팅 등에 활용해 플랫폼 경제를 키워갔다. 알리바바는 한발 더 나아가는 전략을 세웠다. 알리페이의 기능을 투자 영역으로까지 확대한 것이다. 초기 상품을 구매하기 전 잠시 묶여 있는 소액 현금에 대해 자산운영을 해주고 투자 수익을 이자처럼 돌려주었다. 그들은 앤트파이낸셜을 통해 금융 서비스를 고도화하여 알리페이 결제는 물론 자산운용, 보험, 신용평가 등으로 영역을 확대함으로써 금융 플랫폼으로써의 입지를 굳혀가고 있다.

　페이스북처럼 소셜네트워크(SNS) 사업으로 시작한 텐센트도 '위뱅크' 사업을 시작했다. 그들은 모바일 메신저인 위챗 등을 중심으로 '위챗페이'의 금융서비스를 지원한다. 특히 텐센트의 온라인 게임 사업에서 아이템 구매를 위해 위챗페이가 사용되고 있어 플랫폼의 성장에 크게 기여하고 있다. 위뱅크는 텐센트가 진행하는 사업을 기반으로 위챗페이 결제 내역, SNS, 온라인 게임, 미디어의 소비자 활동 데이터를 분석하여 그에 맞는 금융상품을 개발하고 금융 업무의 가치를 높인다는 전략이다.

■ 암호화폐 플랫폼에 뛰어든 스타벅스

"비트코인으로 스타벅스 커피를 마실 수 있다!"

한때 블록체인 커뮤니티에서는 이러한 사실에 흥분을 감추지 못했다. 2018년, ICE의 암호화폐 거래소 백트(Bakkt)가 스타벅스와 파트너십을 맺었다는 소식이 알려진 뒤였다. 스타벅스가 암호화폐를 기반으로 한 플랫폼 사업에 뛰어든다면 그 결제 시스템은 비트코인이 될 거란 추측이 높았다. 비트코인이야 말로 암호화폐의 선봉자이며 여러 차례 화폐기능으로 신뢰 과정을 거친 바 있기 때문이다. 하지만 아직까지 스타벅스 내에서는 이렇다 할 방향을 제시해주고 있지는 않다. 다만 스타벅스가 금융 사업에 박차를 가할 것이란 속내는 확실히 보여준 셈이다.

뉴욕 증권 거래소를 가지고 있는 ICE와 스타벅스의 결합은 금융 생태계를 잠식 할 어벤져스의 탄생이다. 스타벅스는 세계에서 가장 큰 다국적 커피전문점인 동시에 미국에서 가장 많은 모바일 결제 고객수 1위인 업체다. 2018년 미국에서 가장 많이 쓰인 모바일 결제 앱은 구글, 애플페이가 아닌 스타벅스 앱이다. ICE가 스타벅스를 파트너로 삼은 것은 바로 이 사실에 있다. 이제 은행들은 스타벅스 마저 겁을 내야하는 상황이다. 김정태 하나금융 그룹 회장은 2020년 신년사에서 "기술이 스타벅스 같은 커피마저 우리의 경쟁상대로 만들고 있다. 스타벅스는 커피회사가 아니라 규제받지 않는 은행이라 칭해도 무방하다. 스타벅스 사이렌 오더 하나면 전 세계 스타벅스를 별도 환전 없이 이용할 수 있도록 스타벅스는 백트(Bakkt)라는 암호화폐 거래소 파트너로 참가했다"고 언급했다. 국내 금융권마저 떨게 만드는 스타벅스의 힘은 가히 상상을 초월한다.

스타벅스는 2011년 선불 충전식 카드를 도입했다. 고객이 스타벅스 앱에 돈을 예치하면 송금 기능의 역할을 하면서 결제 수수료를 아낄 수 있는 카드였다. 스타벅스는 모바일 카드를 도입하면서 쿠폰, 각종 프로모션 등과 함께 편리한 서비스를 고객에게 제공해주었다. 이는 누구에게도 규제 받지 않은 은행이 되면서 고객들은 기꺼이 스타벅스 앱에 돈을 예치했다. 시중은행의 역할이 예치, 결제, 대출이라고 할 때 스타벅스는 이미 예치와 결제 기능을 하고 있는 셈이다. 스타벅스 기프트 카드는 수시 입출금식 예금상품과 비슷하며 스타벅스 앱은 결제 기능이다. 예치, 간편 결제 등 은행 기능을 두루 갖추었다고 해도 과언이 아니다. 스타벅스 사업 보고서에 따르면 2019년 9월 현금보유는 12억 6900만 달러(1조 5천억 원)로 미국의 웬만한 중소은행 예치금보다 큰 규모이다. 이 정도면 커피은행이라 불

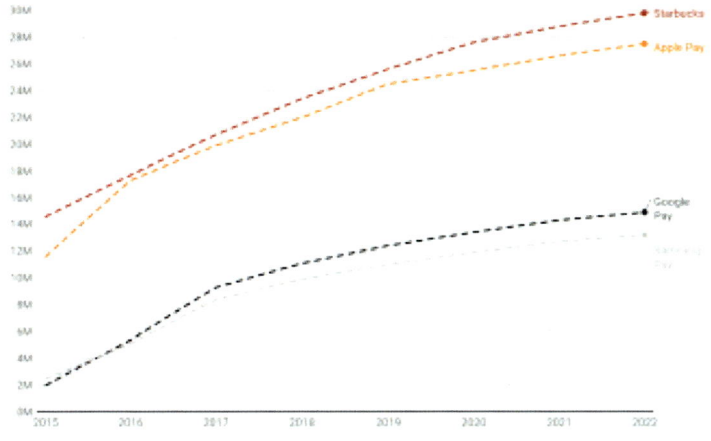

러도 무방할 정도다.

실제로 스타벅스는 아르헨티나의 Banco Galicia 은행과 파트너십을 맺고 스타벅스 은행을 오픈했다. 모바일 기기 사용량은 높으나 은행 인프라가 낮고, 법정화폐의 가치가 불안정한 중남미에서 스타벅스의 디지털 화폐 플랫폼을 키우기에 최적의 요소이다. 아르헨티나는 베네수엘라와 더불어 암호화폐의 수용이 빠르며 인기가 높은 나라이기도 하다. 암호화폐 같은 디지털 자산을 기존 법정화폐로 바꿔 결제할 수 있는 앱이 나온다면 많은 고객들이 돈을 예치하려들지 않을까.

스타벅스 입장에서는 다양한 통화로 예치된 돈을 환율, 나라에 따른 금융 규제 없이 수익화 할 수 있게 된다. 또한 디지털 자산화 된 예치금을 활용한 자산관리, 대출, 보험 등 다양한 금융 사업을 노려

볼 수도 있는 일이다. 이것이 정말 현실화 되면 기꺼이 예치금을 쌓는 고객을 가진 스타벅스가 핀테크를 넘어선 커피핀(Coffeefin)까지 구축하여 가히 상상할 수 없는 액수의 부가가치를 누리고, 어느 나라에도 귀속되지 않은 독립된 커피제국을 맞이하게 될 것이다.

■ 애플과 골드만삭스의 핀테크 동맹

2014년 골드만삭스는 하나의 특허를 출원한다. '증권거래를 위한 가상화폐(Cryptographic currency for securities settlement)'가 그것이다. 그리고 3년 뒤, 골드만삭스는 자신들이 기술 회사임을 전면에 선언하고 금융회사에서 IT회사로 변신을 꾀한다. 바로 디지털 자산을 위한 투자이다.

실제로 그들은 서클(디지털 자산 종합 플랫폼), 빗고(디지털 자산 보안), 액소니(기업용 블록체인 기술 솔루션), 빔(비트코인 결제 및 송금) 등에 투자하며 디지털 금융 플랫폼의 면모를 갖추고자 했다. 골드만삭스는 모바일이 곧 은행이 될 것이라는 점을 정확히 파악하고 있었다. 2019년 골드만삭스는 새로운 비전을 선보인다. 오프라인에서 온라인 뱅킹으로 전환과 디지털 플랫폼 구현, 소비자 맞춤형 금융상품 서비스를 제시했다. 그들은 이로써 미래 은행의 주역으로 발돋움하려고 만반의 준비를 했다.

하지만 골드만삭스에게는 약점이 하나 있었다. 바로 소매 고객의 기반이 약하다는 사실이다. 주로 고가의 자산만 다뤄왔다가 금융 위기 이후 소매 고객을 위한 금융사업도 절실히 필요했던 것이다. 그들은 많은 소매 고객의 데이터를 가지고 있는 탄탄한 ICT기업을 찾아야했다. 자신들의 금융 서비스에 고객을 효과적으로 모집해주고 수익을 나눌 수 있는 믿음직한 협력업체가 필요했다.

애플의 스마트폰 시장은 위기를 맞았다. 삼성과 투톱체제를 이루던 스마트폰 시장은 화웨이, 샤오미, 오프 등 중국 업체들의 선전과 더불어 포화상태에 접어 들어갔다. 이제 하드웨어 판매만으로는 충분한 수익을 내지 못한 것이다. 이에 애플은 동영상·뉴스·게임·금융 등의 서비스 사업을 강화하는 방식으로 위기를 모면하기로 결심한다.

애플이 실시하는 사업 중 특히 금융 분야는 파트너의 선택이 중요했다. 이미 2014년 전 세계를 대상으로 '애플 페이' 사업을 시작하면서 현지 금융 회사의 과도한 수수료와 통화의 문제, 모바일 페이 시장의 경쟁을 겪으며 핀테크 사업의 어려움을 겪은 터였다. 애플로써는 금융이 규제산업이다 보니 더욱더 고심하지 않을 수 없었다. 그들은 애플 페이의 통용이 쉽고 수수료가 낮으며 규제가 적은 비즈니스 모델이 필요했다. 그 점에서 디지털 자산 솔루션은 애플이 찾는 최적의 요건이었다.

골드만삭스와 애플이 협력하게 된 배경은, 핀테크 사업을 키우기 위해 서로의 이해관계가 맞아떨어져서이다. 골드만삭스에게 전 세계 2억 명이 넘는 아이폰 유저를 가지고 있는 애플은 매우 매력적인 파트너일 것이다. 애플의 입장도 마찬가지이다. 골드만삭스는 월가에서 가장 활발하게 블록체인 디지털 생태계에 많은 투자를 하고 운용한 금융 회사이다. 바로 그 점이 애플이 골드만삭스를 선택한 이유로 꼽을 수 있다.

그들의 첫 행보는 2019년 8월, 애플이 출시한 애플카드이다. 애플페이로 온오프라인 매장에서 사용할 수 있고 사용 금액의 1~3%는 현금으로 돌려주는 서비스를 제공한다. 애플카드는 애플과 골드만삭스가 함께 하려는 블록체인 플랫폼 사업의 전신이라 할 수도 있다. 그들은 암호화폐를 통해 아이폰을 디지털 자산화 하고, 골드만삭스는 아이폰의 유저들의 암호화폐 예치금을 흡수한다면 엄청난 수익을 창출하게 된다. 이를 기반으로 새로운 금융 서비스까지 더해진다면 골드만삭스는 자신들이 그리는 미래 은행의 주역을 선점할 수 있다. 애플 역시 성장이 둔화된 스마트폰 시장에서 새로운 금융 수입원을 마련할 수 있을 것이다.

■ 핀테크 경쟁에 뛰어드는 우버의 도전

우버의 거동이 심상치 않다. 현재 우버는 본고장인 샌프란시스코를 벗어나 금융의 중심지인 뉴욕에 사무실을 차렸다. 그리고 그들은 왜 핀테크 인재들을 모집하고 있는 걸까?

최근 2020 컨퍼런스에서 우버는 '우버 머니(Uber Money)'의 출시를 발표했다. 일찍이 2017년도에 우버 카드를 출시한 바 있는 우버는, 택시·전기 스쿠터·우버 잇츠와 같은 우버 내 플랫폼 이용 시 5% 캐시백 적립혜택을 내놓았었다. 2018년에는 선불 충전형 우버

캐시를 만들어 충전 금액당 할인 혜택을 주는 서비스로 많은 우버 유저들의 관심을 받았다. 이처럼 카드와 사이버 머니 같은 금융상품을 진행한 우버가 또 다시 우버 머니를 출시 한 것이다. 우버 머니는 기존의 혜택과 무엇이 다른 것일까?

우버에 따르면, 우버 머니는 당사의 드라이버를 지원하기 위한 금융 서비스로 그 시작점이 있다. 라이드 헤일링에서 차량 제공을 하는 우버 드라이버들의 금융생활을 돕는 것이 그 첫 번째 목적이다. 우버 머니가 제공하고자 하는 서비스는 다음과 같다.

① **Real-Time earnings**
실시간 결제 시스템이다. 그동안 몇 주 정도 지나야 결산을 받을 수 있었던 드라이버 수입을 운행이 끝난 직후 바로 지급할 수 있도록 한다.

② **Debit account and card**
우버의 현금 계좌와 드라이버 앱의 통합이다. Green Dot에서 제공했던 우버의 현금 계좌를 우버 드라이버 앱으로 통합하여 주유소에서 가스충전 시 3%부터 최대 6%까지 드라이버에게 캐시백 해준다.

③ **Mobile Wallet**
핀테크 기능이다. 오픈뱅킹과 같이 돈을 한 곳에서 관리를 하고 송금을 할 수 있도록 한다.

④ Credit Card

우버 플랫폼 이용 시 5% 캐시백 적립이 가능하며, 우버 외 다른 업종에서도 1%~3% 캐시백이 제공된다.

결국 우버는 우버 머니를 발판으로 핀테크 산업에 전면으로 나선 것으로 보인다. 현재 우버가 금융 서비스를 확장한 이유는 자사의 드라이버를 위한 보험 서비스 제공을 위한 것이라 한다. 하지만 이와 다르게 그 많은 뉴욕의 금융 전문가를 고용한 까닭에는 숨은 의도가 있을 것이라는 업계의 예측이다.

우버는 아마존의 핀테크 행보와 비슷하게 갈 것이란 예상이 지배적이다. 아마존은 JP모건체이스와 협력하여 '아마존페이', '아마존캐시' 같은 지급·선불충전 서비스뿐 아니라 대출, 카드 서비스로 확대하고 있다. 2016년에는 화이트 라벨 서비스인 아마존 프로텍트로 헤드폰에서 주방가전 제품에 이르기까지 소비자에 대한 우발적인 도난 보험을 제공하기도 했다. 결제, 은행계좌, 대출, 보험 등의 서비스를 제공하면서 축적된 1억 4000만 명의 고객 충성도는 아마존을 언제든지 금융회사로 탈바꿈 할 수 있는 가장 큰 원동력이다.

우버도 이러한 빅테크 플랫폼으로 가는 발판을 다지는 것이란 분석이다. 그들은 점점 더 세분화 된 전략을 통해 우버 드라이버는 물론 사용자들로 서비스를 확장할 기회를 삼고 있을지 모른다. 우버가 구축하는 금융 서비스 생태계의 우버 머니는 결국 디지털 자산의 축적인 셈이다.

우버가 말하는 그들의 미션은 **"We ignite opportunity by setting the world in motion"**이다. 이는 **"세상을 움직여 기회를 만들어내는 데 있다'**는 의미이다. 그들의 말처럼 플랫폼의 움직임들은 결국 하나를 향해 달려가고 있다. 바로 '디지털 자산' 형성이다. 금융으로 뿌리를 내리고 암호화폐를 통해 부를 축적한다. 화폐 민주주의가 곧 자산이며, 블록체인은 디지털 자산 기반의 경제와 현실 금융 사이의 가교 역할을 하고 있다.[18] 우리는 그들이 시사하는 바를 잘 읽어야 한다. 부의 기회가 과연 어디에 있는지를 말이다.

---

18) '비트코인 제국주의' 문장 인용, 한중섭, 스리페어스.

분류된 *326*개의 유니콘 회사

절반에 가까운 유니콘 회사들이 미국에 있으며 가치 평가 기준, 가장 큰 회사들 탑 10개 중 7개가 미국에 자리하고 있습니다.
대략 10개의 유니콘 회사들 중 3개가 중국 회사입니다.

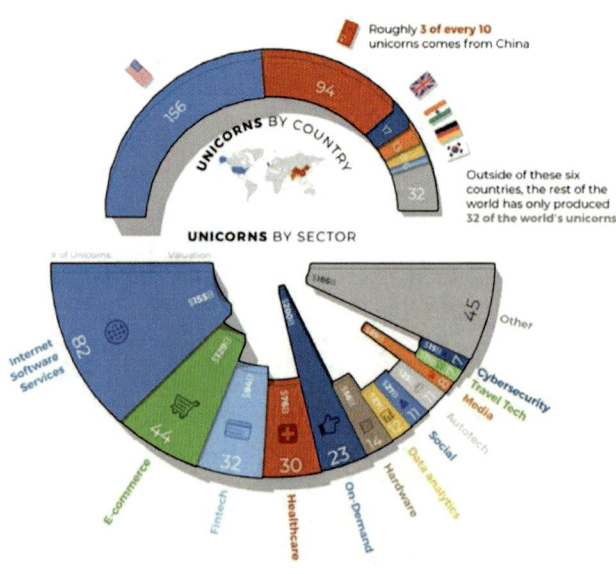

CHAPTER 03 새로운 시대의 성공 기준 'Co gig worker'

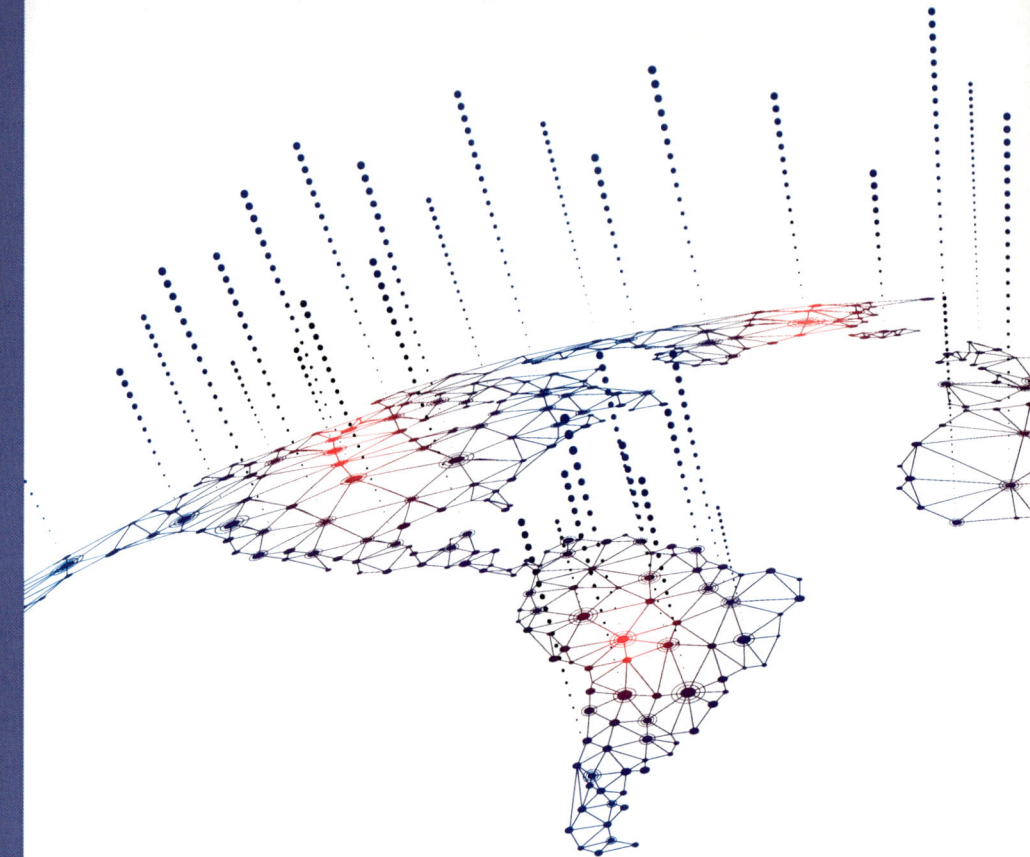

CHAPTER 04

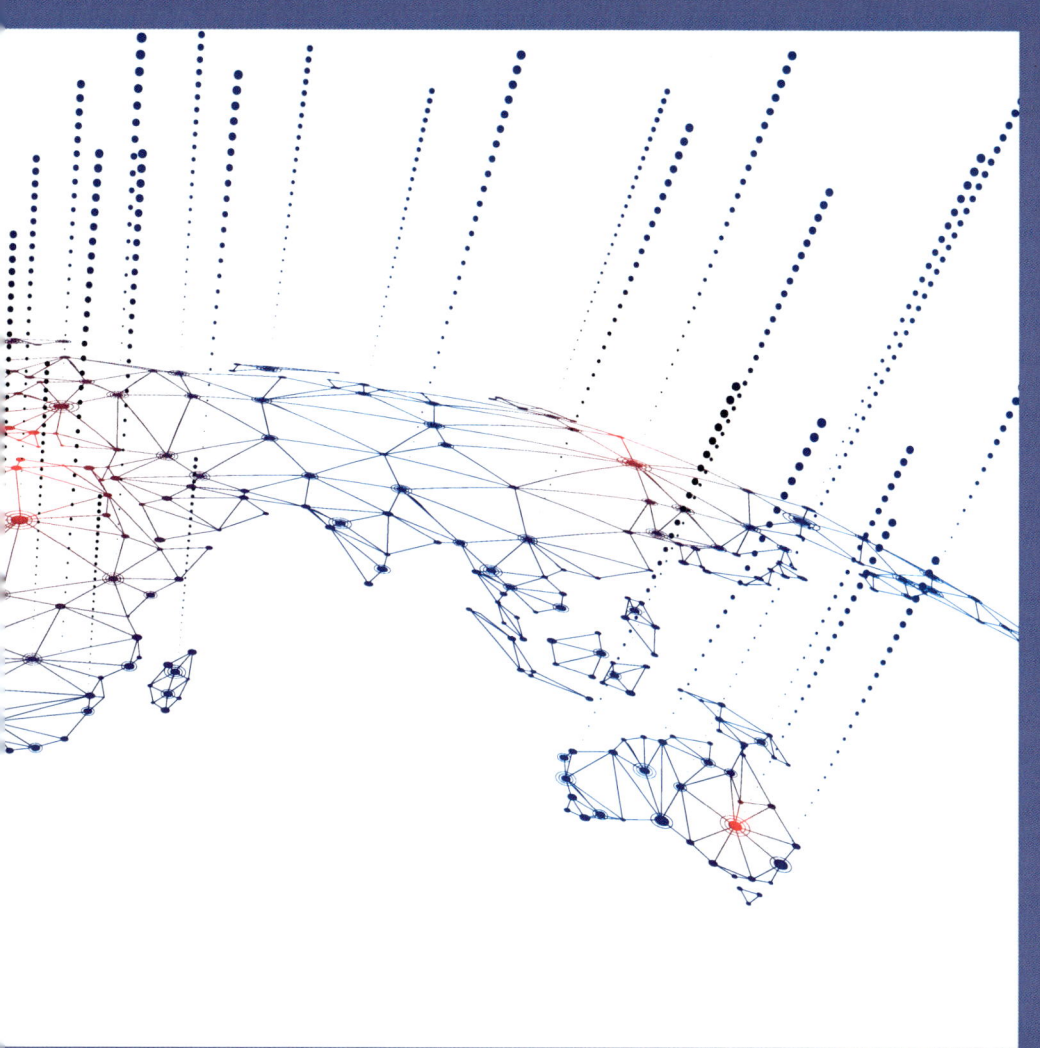

블록체인과 결합된
긱 워크 플랫폼 시장의 미래

"잠자는 동안에도 돈이 들어오는 방법을 찾아내지 못한다면
당신은 죽을 때까지 일을 해야만 할 것이다."

투자의 귀재 워렌 버핏의 말이다. 보통 돈을 번다는 것은 시간(에 따른 노동)과 바꾸는 일이다. 더 많은 시간을 일하거나 누구보다 더 치열하게 일할 때 수익이 올라가는 불쌍한 영역이다. 노동의 신성함과 기쁨과는 별개의. 돈을 얻으려면 시간을 쪼개어 노동을 팔 수밖에 없다. 그럼에도 불구하고 우리는 지금 돈을 벌고 있는가?

조금만 깊이 생각해보면 전혀 그렇지도 않다. 일은 하지만 돈이 모아지지 않는 것은-개인의 부채와 물가 비례 경제적 소비도 포함한다- 자본주의 경제구조가 가진 맹점이다. 우리가 일을 하지 않는 시간은 고스란히 빚이 된다. 그러니 워렌 버핏의 말처럼 쉬는 동안에도 돈이 들어오지 않는다면 평생 노예의 삶을 벗어날 수 없는 것이다.

1. 디지털 자산이 미래의 돈이다

　일찌감치 시간과 노동, 자산의 형성 구조를 꿰뚫고 있는 고액의 자산가(기업)들은 4차 산업혁명의 순간 재빠르게 바꾼 것이 하나 있다. **바로 기술과 돈을 보는 관점이다.** 그들은 블록체인을 비롯해 AI, IoT, 로보틱스 등의 미래 산업기술에 투자했고, 이 기술이 융합되는 초 연결 사회에 쓰일 화폐에 주목했다. 앞서도 말했다시피 초 연결 사회에는 국경이 없고 보안성이 높으며, 경제적으로 융통할 수 있는 통화를 선호하게 될 것이다. 비트코인으로 증명된 암호화폐처럼 말이다.

　그들은 자신들이 내다본 미래로 행동을 시작했다. 첫 번째로 금융 플랫폼 사업을 형성했다. 그것은 적은 노동으로 꽤 높은 수익을 기대하게 되고, 노동이 부가되면 그 수익도 조금 높아진다. 실제로는 수익보다 수익의 지속 가능성이 높아진다. 두 번째는 자신의 부를 디지털 자산으로 전환하는 것이다. 그들은 플랫폼의 경쟁력을 등에 업고 자산을 과감히 디지털화 시킨다. 그렇게 탄탄한 바닥에서 독자화 된 디지털 자산들이 맹렬히 순환하며 무노동의 수입을 추구한다. 그 대표적인 예가 JP모건의 JPM 코인, 페이스북의 리브라 할 수 있다.

물론 지금도 그들은 세계경제를 이끌어가는 주역들이다. 그런 그들이 디지털 자산에 눈독을 들인다는 것은 의미심장하다. 영화 '어느 독재자'[01]를 보면 초반에 이런 장면이 나온다. 독재자가 자신의 손자에게 자기 자리가 무엇을 의미하는지를 알려주려 발아래에 펼쳐진 도시의 눈부신 야경을 보라고 말한다. 그리고 독재자는 전화를 걸어 도시의 불을 당장 끄라고 지시한다. 일순간에 도시는 마법처럼 암흑으로 돌변한다. 독재자는 다시 전화를 걸어 손자의 명령이 곧 자신의 명령이라 말한다. 곧이어 손자가 불을 켜라고 명령하자 도시가 다시 눈부시게 변한다. 그 광경으로 손자는 권력의 힘을 알게 되고 매혹된다. 이 영화의 손자처럼 독점적 지위를 가지고 있는 이들이 권력의 힘을 맛보다 내려놓기란 쉬운 일이 아닐 게다. 먼 미래에도 그들은 경제적 지위를 휘두를 왕좌의 자리에서 내려오지 않겠다는 의지가 엿보이는 대목이다.

---

01) '칸다하르'와 '가베'로 유명한 이란 출신 감독 모흐센 마흐말바프가 2014년에 발표한 영화.

사회적 합의로 가는 디지털 자산

그렇다면 기업과 고액의 자산가들이 군침을 흘리며 달려드는 '디지털 자산'이란 무엇일까? 먼저 그 정의부터 살펴보자.

현재 미국 의회에서는 '암호화폐법 2020(Crypto-Currency Act of 2020)'를 심의 중에 있다. 경제 전문지 포브스가 전한 초기 심의를 거친 이 법안의 주요 내용에서 디지털 자산에 관한 정의는 다음과 같다.

디지털 자산을 (a)암호화폐(crypto-currencies) (b)암호상품(crypto-commodities) (c)암호증권(crypto-securities) 3가지로 분류한다.[02]

1. 암호상품: 경제적 재화나 서비스로써 a)완전 혹은 상당 부분 대체 가능하며 b)시장은 누가 생산했는지와 무관하게 재화나 서비스를 취급하고 c)블록체인이나 분산암호원장 기반이다.

2. 암호화폐: 블록체인이나 분산암호원장 기반의 미국 통화 또는 합성 파생상품으로 표시된 것. 은행 계좌에 완전히 담보된 디지털 자산(예: 스테이블코인), 분산형 오라클 혹은 스마트 컨트랙트에 의해 결정되고, 암호상품·기타 암호화폐·암호증권으로 담보되는 합성 파생상품이 여기에 포함된다.

3. 암호증권: 블록체인이나 분산암호원장 기반의 모든 채무, 지분, 파생상품을 의미한다. 재무부에 비은행 자금사업자(money services business)로 등록돼 은행 비밀법(Bank Secrecy Act) 및 연방 자금세탁방지(AML), 테러자금조달 방지 의무를 준수해야 한다.

혹자들은 여전히 디지털 자산이 실물 경제에서 법정화폐와 같은 동등한 지위와 힘이 있느냐 의심을 품는다. 이것에 대한 답은 아주

---

02) 자료:https://bi.city/s/kePts

간단하다. 스타벅스나 애플, 알리바바 등의 다양한 기업에서 나온 모바일 페이가 기능적 부분에서 결함이 있었느냐 반문해보면 된다. 중국은 현금이나 카드 대신 QR코드로 결제하는 일이 흔하다. 케냐는 엠페사라는 모바일 머니가 현지 돈의 역할을 대신하고 있다. 오히려 돈을 엠페사로 바꿔 사용하는 사례가 더 높다. 이는 신뢰의 과정을 거치고 사회적 합의가 이루어진 디지털 자산이라면 충분히 경제적 가치를 지닌다.

그냥 보면 노란 돌덩이에 지나지 않는 금이 경제적 가치가 높은 자산으로 취급받는 것도 같은 원리다. 16세기 스페인의 침략을 받은 아즈텍 원주민들은 그들이 금에 집착하는 것을 이해하지 못했다. 아즈텍 원주민들에게 금은 그저 장신구를 만드는 단순 재료에 불과했기 때문이다. 그러나 스페인들에게 금은 당대 최고의 가치를 지닌 자산이었다. 금본위제가 시행된 세계에서 금은 곧 돈이었다. 돈에 대한 관점의 차이는 바로 이러하다. 사회적 합의가 없다면 금은 돌덩이에 지나지 않지만 반대의 경우에는 경제적 가치를 지닌 자산으로 인정받는다.

화폐도 마찬가지다. 고대부터 동서양을 막론하고, 사람들이 모여 살기 시작하면서 필요한 것들을 바꿔 쓰던 물물교환의 시기에서 사회적 합의는 시작된다. 교환수단이나 지불수단으로써 화폐의 필요성을 느낀 사람들은 조개껍질, 소금 등의 조작이 불가능하고 오래 간직할 만한 것으로 화폐를 삼았었다. 그러다 주화로 만들어진 금속 화폐가 등장하고, 중세시대 상업이 활발해지면서 휴대가 쉽고 가벼

우며, 적은 생산 비용과 대량 생산이 가능한 종이 화폐로 발전한 것이다.

종이 화폐는 화폐 발행자가 그 가치를 보증했고 발행자에게 가서 해당 금액만큼 현물화할 수 있었기 때문에 유용한 교환 수단의 역할을 했다. 발행자와 소비자 사이에 신뢰가 형성된 것이다. 지금의 모바일 페이와 유사한 속성을 지녔다.

이후 화폐는 계속해서 발전했고, 신용카드에서 무형의 모바일로 넘어갔다. 우리는 처음 지폐 없는 세상을 맞이할 때 카드에 대한 부정적인 견해를 보였다. 하지만 이내 그 편의성과 확장성에 항복하고 만다. 이제는 실생활에서 적은 액수조차 현금보다 신용카드로 결제하는 비율이 높다. 이처럼 보편화된 카드의 역습이 가능한 까닭은, 대기업의 주도하에 가치를 형성하고 사회적 합의를 이끌었기 때문이다. 현재 보여주고 있는 디지털 자산화의 행보와 일맥상통한다.

디지털 자산을 가치교환 매체로 삼은 기업들은 이를 사회적 합의로 이끄는 과정 중에 있다. 따라서 **신용카드처럼 디지털 자산 역시 세계 경제에서 가치를 지닌 자산으로 인정받는 것은 시간문제다.** 다만 그것이 '무엇'이냐 선택은 달라질 수 있다.

일전에 경제는 돈을 중심으로 움직인다고 말했다. 하지만 돈은 사람을 중심으로 돈다. 사람의 소망과 경험이 돈의 가치를 결정한다. 지금 우리는 그 돈의 가치를 결정하는 중요한 선택지를 받았다. 좀 더 냉철하게 플랫폼 기업들의 행보를 지켜보고 그들이 손 내민

가치를 경험한다면 몇 년 후에는 돈을 바라보는 방식이 완전히 달라질 것이다.

2. 암호 자산이 안정 장치이다

유발 하라리의 저서 「사피엔스」에는 '메가 문화'라는 개념이 나온다.

"수천수만 년에 걸쳐, 작고 단순한 문화들이 점차 뭉쳐서 더 크고 복잡한 문명으로 변했다. 그래서 세계의 메가 문화의 개수는 점점 적어지는 동시에 각각은 점점 더 크고 복잡해졌다. 물론 이것은 매우 단순한 일반화로, 거시적 수준에서만 맞는 이야기다. 미시 수준에서 보면 다르다. 서로 합쳐져서 하나의 메가 문화를 이루는 문화집단들이 있듯이, 조각조각 분열되는 메가 문화도 존재하게 마련이다."

이를 지금의 화폐전쟁에 빗대어 보면 우리는 메가 문화에 속해 있다. 거대한 법정통화를 거쳐 암호화폐가 쏟아져 나오고 그것들은 또다시 분절되어 별개의 메가급 파워를 보여주고 있다. 특히 가장 각광받고 있는 디지털 자산으로 꼽히는 비트코인의 파워는 여전히 계속된다. 돈을 쫓는 감각이 탁월한 월가의 투자자들도 비트코인이라는 배로 갈아탄 지 오래다.

처음 비트코인이 등장했을 때 월가는 구멍 난 배 마냥 조롱해댔다. 금방 가라앉을 거라 예상했던 비트코인이 끈질기게 생존하자 월가는 빠르게 머리를 굴리기 시작했다. 배의 구멍이라 여겼던 점은 그저 작은 입구였단 것을 깨달았고, '입구가 커질 것'이라는 사실을 직감했다. 그리고 곧장 비트코인을 비롯한 알트코인을 새로운 대체 자산으로 만들었다.

세계 1위의 투자사인 DRW(시카고 트레이딩 회사)는 2014년, 자회사인 컴벌랜드 마이닝을 설립하고 디지털 자산을 전문적으로 거래하기 시작했다. 그 뒤를 따라 점프 트레이딩과 DV 트레이딩, 허마이어 트레이딩 플러스 인베스트먼트 등이 줄지어 디지털 자산에 투자했다. 미국의 기관투자자들 역시 무려 22%이상이 디지털 자산에 투자한 것으로 드러났다. 5년 내에는 40% 이상이 될 거라 예측하기도 했다.[03] 이러한 관심에 힘입어 2017년 시카고 상품 거래소와 시카고 옵션 거래소는 비트코인 선물 거래 서비스를 실시했고, 피델리티 자

---

03) 2019년 4월 피델리티 자산 운용이 411명 미국기간 투자자를 대상으로 한 설문조사 결과이다.

산 운용은 2018년 '피델리티 디지털 자산 홀딩스'를 통해 기관들의 디지털 자산 거래를 돕고 있다.

물론 나스닥 또한 시대에 뒤처지지 않으려 노력 중이다. 나스닥은 피델리티 자산운용, DRW, Cboe, TD 에머리트레이드 등에서 투자 받아 '에리스 엑스'를 설립했다. 에리스 엑스의 출현으로 ICE의 백트(Bakkt)와 경쟁이 주목되지만 그래도 월가에서 가장 돋보이는 건 ICE이다. 앞서 말했듯이 스타벅스의 파트너인 백트(Bakkt)를 설립한 ICE는 그 외에도 마이크로소프트(MS)나 홍콩 최대 부호를 백트(Bakkt)의 파트너로 삼고 있다. 여기서 흥미로운 건 마이크로소프트 역시 비트코인을 눈여겨본다는 사실이다.

컴퓨터 소프트웨어 업계에서 독보적인 발자취를 남긴 마이크로소프트사와 암호화폐의 조합은 꽤나 신선하다. 그들은 결코 단순한 투자자가 아니다. 2019년, 마이크로소프트사는 눈여겨봤던 암호화폐 시장에 날카로운 발톱을 드러냈다. 블록체인을 활용해 쉽게 토큰(암호화폐)을 발행하는 '애저 블록체인 토큰(Azure Blockchain Tokens)' 플랫폼을 개발한 것이 밝혀졌기 때문이다.

마이크로소프트사의 설계 책임자인 말리 그레이(Marley Gray)는 "과거 프린터는 기종과 대응 드라이버가 많아 설정이 번거로웠다. 기업이 발행하는 토큰도 비슷한 어려움을 겪고 있다"고 짚었다. 그러면서 "현재 프린터는 구입과 이용이 쉬워졌다. 토큰도 이와 같은 환경이 되도록 마이크로소프트 애저(Microsoft Azure)로 임할 것"이라고 설명했다. 즉, 애저 플랫폼에서 토큰을 제공하겠다는 의미였다.

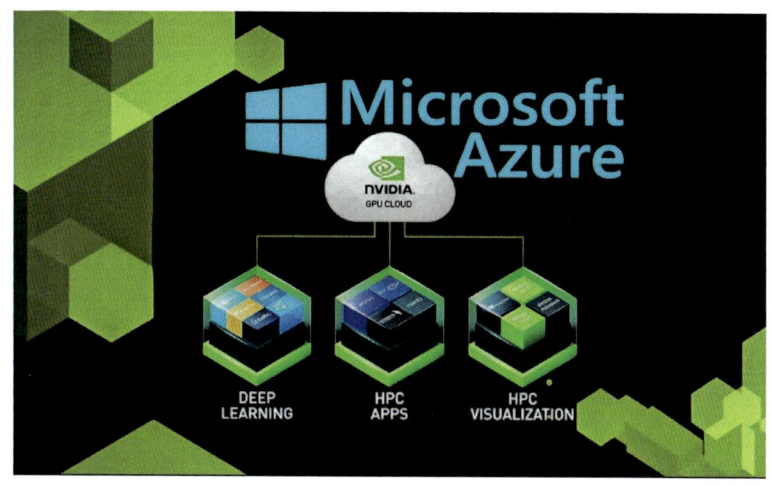

결국 마이크로소프트사가 드러낸 발톱은 '토큰의 통합'이다. 시중에 유통되는 기업의 토큰을 자사 안으로 편입하여 하나의 메가 문화를 이루겠다는 야심이 숨겨져 있다.

실제로 마이크로소프트 이그나이트(Microsoft Ignite)의 발표에 의하면, 애저 플랫폼을 통해 기업이 만들고 싶은 토큰의 종류를 선택할 수 있게 했다. 여기서 자연스레 '역시 마이크로소프트!'라는 감탄이 새어나온다. 그들은 토큰의 전성시대가 도래할 것을 정확히 간파한 것이다.

그레이는 또 이런 말을 했다. **"토큰은 플랫폼 전체에서 이용되어야 한다. 협업 플랫폼이 제공하는 기능을 최대한 활용하려면 플랫폼 간 거래들이 서로 소통되어야 한다."** 더불어 "기업들이 IBM과 마이크로소프트,

하이퍼레저와 이더리움 사이에 하는 갈등을 깨고 싶다"고 말했다.[04] 야심차게 블록체인에 뛰어든 마이크로소프트사의 행보는 확연히 다른 양상이다. 그들의 혜안과 안목은 탁월했다. 먹잇감을 노리는 맹수처럼 토큰의 시대를 평정할 기회를 엿보고 있는 것이다.

플랫폼의 자체 토큰화를 주목하라

　플랫폼 세계에는 하나의 유령이 떠돌고 있다. 실재하지는 않지만 상상 가능케 하는 존재, 바로 '토큰 경제'다.
　카를 마르크스와 프리드리히 엥겔스의 저서「공산당 선언」의 첫 줄에는 이런 문구가 있다. '하나의 유령이 유럽을 떠돌고 있다. 공산주의라는 유령이.' 그리고 마지막은 '만국의 노동자여, 단결하라.'로 끝맺는다. 자본주의의 모순을 비판하고 그 해법으로 찾았던 공산주의를 그들은 유령이라 표현했다. 공산주의가 머릿속에는 존재하나 실재할 수 없는 이념이라 생각해서였는지도 모른다. 하지만 그렇다면 마지막 문장의 의미는 무어란 말인가. 그것은 유령을 단순히 허상으로만 해석해서는 안 된다는 지적이다. 유령이란, 지금 당장이 아니더라도 '시간이 흐르면 반드시 나타날 수밖에 없는 인간 욕망의

---

04) CoinReaders, '마이크로소프트, 손쉽게 토큰 생성 가능한 '애저 블록체인 토큰'플랫폼 출시', 박소현.
http://m.coinreaders.com/5878

산물인 것'이다.

　인간의 욕망에 의해 탄생한 산물은 역사에서 쉬이 찾아볼 수 있다. 하늘을 날고자 했던 이카루스의 꿈은 비행기로 실현됐고, 꺼지지 않는 불에 대한 동경은 전기를 만들었다. 산업혁명으로 인한 자동화기기도 이에 속한다. 결국 인간의 욕망은 인간 스스로를 위협하기도 하지만 또 다른 기회를 주기도 한다. 이는 과거의 일만도 아니다. 경제의 목줄을 잡던 통화의 구속은 비트코인으로 자유를 선언했다. 그러나 가치 변동이 심한 탓에 위기에서 더 안정적인 화폐가 요구됐고 우리는 '**토큰**'이라는 유령을 만들게 된 것이다.

　금융과 디지털 자산화가 실물경제에 무리 없이 작동하려면 코인 가격의 변동이 적어야 한다. 한때 암호화폐의 폭등과 폭락을 경험한 이들은 점점 더 불안감을 느끼기 시작했다. 그리하여 암호화폐의 가격 변동 리스크가 적은 안전한 화폐를 만들기 위해 많은 블록체인 프로젝트들이 '토큰'에 주목했다. 흔히 **'스테이블 코인'**이라고도 한다.

스테이블 코인은 법정화폐와 연동하여 가치를 정한다. 가령, 발행사가 발행한 코인만큼 달러를 보유하는 것이다. 그러면 코인과 달러의 가치를 1:1로 맞출 수 있다. 이러한 방식으로 스테이블 코인의 가치 변동은 암호화폐 만큼 크지 않다. 이것을 가능하게 한 **결정적인 차이는 관리 시스템**에서 온다.

알다시피 비트코인과 같은 알트코인은 '탈중앙화'의 암호화폐로 통제하는 기관이 없다. 세계적으로 비트코인 붐이 일어났을 때, 정부는 '비트코인' 자체를 규제하지 못하고 거래소를 규제할 뿐이었다. 비트코인을 통제하고 관리하는 기관이 없기 때문이다. 하지만 '탈중앙화'가 마냥 좋은 것은 아니다. 화폐 가격의 변동성과 리스크처럼 오히려 효율성이 떨어지는 부분이 있다. 그 점을 보완하기 위해 어느 정도 관리·감독 기관을 두어 일정수준의 가치를 유지하는 자체 토큰화가 이루어지고 있는 셈이다.

최초의 토큰으로 만들어진 것은 테더(Tether)사가 발행한 **'USDT'** 스테이블 코인이다. '1테더=1달러'라는 가치를 부여하고 스테이블 코인에 생명력을 불어넣었다. 그 이후 **TrueUSD, GEMINI, Paxos Standard, USDC** 등의 여러 후발주자가 나왔다. 특히 대표적인 곳은 이더리움 기반의 블록체인으로 **'JPM코인'**을 만든 JP모건이다. 그들은 스테이블 코인의 불을 붙인 장본인이기도 하다. 원래 JP모건은 암호화폐에 부정적이었지만 변화의 추세에 맞춰 빠르게 태도를 바꿨다. 그들은 자체 암호화폐를 만들며 큰 이슈를 불러 모았고 다른 금융업에도 긍정적인 변화를 일으킬 거라 기대하게 만들었다.

　기존 산업에 블록체인 기술을 도입하여 스테이블 코인을 출시한 곳도 있다. IBM사는 2018년에 블록체인 월드 와이어(BWW)라는 스테이블 코인 기반의 결제 네트워크를 공개했다. BWW는 암호화폐 스텔라를 사용해 국가 간 금융 결제를 향상시키려는 목적을 두었지만 한편으로는 토큰에 관심이 있었다. 그들은 2019년 3월, 6개의 글로벌 은행과 파트너십을 맺고 BWW를 기반으로 스테이블 코인을 발행할 것이라 발표하기도 했다.[05]

　메이커 다오(Maker DAO)의 사례도 있다. **Dai**라고 부르는 스테이블 코인은 이더리움의 자산을 이용해 생성할 수 있고, 1이더리움을 Maker 스마트 컨트랙트로 보내면 0.7이더리움 만큼의 Dai를 받을 수 있다.

　국내 기업인 삼성의 경우는 조금 색다르다. 물론 삼성도 자체 코인을 만든다는 소문은 끊임없이 돌았다. 그러나 아직까지는 이렇다 할 발표가 없어 진정한 유령으로 암호화폐 시장을 떠돌고 있다. 다만 삼성의 행보가 재미있는 것은, 주력 스마트폰인 갤럭시에 블록체인 월렛(암호화폐 지갑)을 장착했다는 점이다. 2019년 초에는 갤럭시 S10에 비트코인도 추가되었다. 그리하여 지금은 이더리움과 비트코인, BNB, 일부 ERC20 토큰 외 대부분의 주요 스테이블 코인 33개를 지원한다. 앞으로 삼성 스마트폰에는 더 많은 토큰과 암호화폐가 실

---

05) IBM, Transform Cross-border payments with IBM Blockchain World Wire.
　　 https://www.ibm.com/blockchain/solutions/world-wire

릴 것이다. 그로인해 디지털 자산의 대중화에 큰 힘을 발휘할거라 기대를 모으고 있다.

2019년 7월, 국제통화기금(IMF)은 「디지털 화폐의 부상」이라는 보고서를 통해 **"디지털 화폐가 소비자들에게 높이 인지되고 있으며 현금과 은행 예치금이 암호화폐와 경쟁하는 구도를 부인할 수 없을 것"**이라며 **"기존 전통 금융과 암호화폐의 경쟁 구도가 벌어질 것이고 암호화폐가 이들을 앞지를 수 있다"**고 밝혔다.

예부터 법정 통화가 순환하며 오늘날 산업을 지탱했듯이 미래에는 위와 같은 토큰들이 순환하며 각 경제의 산업을 촉진시킬 것이다. 또한 블록체인 플랫폼 위에서 꽃피운 혁신의 유령들이 각 워커들의 보수로 유통될 날도 머지않았다. 신용카드의 간편함에 매료당하던 순간처럼, 세계 인류는 완전히 새로운 디지털 자산을 마주하게 될 것이다.

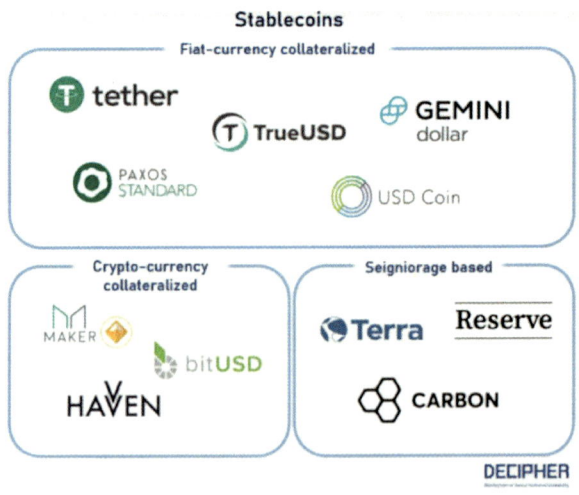

3. 모두의 공생을 꿈꾸는 토큰 경제

스테이블 코인을 논하면, 절대 빼놓을 수 없는 것이 페이스북의 **'리브라(Libra)'**다. 페이스북은 긱 경제의 성공적인 모델 중 하나이다. 2003년 하버드생의 커뮤니티에서 시작된 플랫폼은 어느새 전 세계 사용자 20억 명이 넘는 거대 공룡으로 성장했다. 그것은 단순한 정보 교환의 장을 넘어서 대선에도 영향을 줄 수 있는, 몸집만큼 무거운 힘을 가졌다.

제레미 하이먼즈(Jeremy Heimans)의 「뉴파워:새로운 권력의 탄생」이란 책에서는 "소셜미디어 사이트를 단순히 가상공간에서의 동아리나 카페쯤으로 보고 의사당이나 전장에서 벌어지는 일들보다 별 영향을 미치지 않는다고 생각하고 싶을지 모른다. 그러나 페이스북

같은 플랫폼은 이러한 영역에서 벌어지는 일들을 부각시키거나 묻어버리는 데 점점 더 막강한 영향력을 발휘하고 있다"고 적었다. 그리고 그들을 '신(新)권력 플랫폼'으로 지칭했다. 신권력의 속성을 일상으로 받아들이는 밀레니얼 세대가 사회의 주축으로 올라서면 페이스북의 힘은 더욱 막강해진다. 이는 페이스북도 잘 아는 사실일 것이다.

신 권력 플랫폼을 기반으로 페이스북은 리브라 프로젝트를 가동했다. 페이스북의 리브라는 **'전 세계적으로 통용 가능한 형태의 화폐와 수십억 명의 인구에게 금융 인프라 제공'**[06]을 목표로 삼았다. 즉, 기존의 은행권 문턱을 넘지 못했던 사람들을 포함하여 간편한 자금이체 및 상품결제를 도울 계획이다. 바로 리브라 코인을 통해서 말이다.

리브라는 이미 비자, 마스터카드, 페이팔, 우버, 리프트, 코인베이스 등 28개 회원들로 구성된 '리브라 연합'을 만들었다. 만약에 스테이블 코인의 대통합이 이루어진다면 가장 유력한 후보가 리브라가 아닐까 싶다. 전 세계 20억 명의 금융서비스를 확보하고 화폐의 기능에 신뢰도를 높이면, 화폐 가치가 불안정한 개발도상국에서 리브라와 손을 잡을 가능성이 높다. 이러한 추측을 가능케 하는 것만으로도 리브라는 이미 토큰 시대 왕좌의 자리에 앉은 셈이다.

그래서 일각에서는 리브라를 보는 시선이 마냥 곱지만은 않다. '권력이란 의도한 결과를 낳는 능력이다'라고 영국의 철학자이자 사

---

06) Libra Association Members, 'Libra's mission is to enable a simple global currency and financial infrastructure that empowers billions of people, 2019.

회학자인 버트런드 러셀(Bertrand Russell)은 말했다. 지나치게 비대해진 페이스북이 리브라를 통해 어떤 독점적 지위를 부릴지 경계하는 눈초리다. 이미 페이스북은 사용자들의 데이터를 광고주에게 팔아넘겨 돈을 번다는 강도 높은 비판을 받은 바 있다. 그러면서도 정작 기꺼이 자신의 데이터를 넘겨준 사용자들에게는 어떠한 노동의 대가도 지불하지 않았다. 이러한 플랫폼 기업의 자산 독식과 프라이버시 침해에 대한 비난 때문에 페이스북은 더욱더 리브라가 필요했는지 모른다.

플랫폼 기업들은 자산 독식에 관한 고질적인 문제를 떠안고 있다. 이러한 문제에 대해 블록체인이 해결의 키를 가지고 있다고 설명 드린 바 있었다. 수익의 분배 즉, **경제적 보상(reward)**의 개념이다. 하지만 '어떻게(암호화폐)'에 대한 방식(종류)은 저마다 다를 수 있다. 나는 **기업과 소비자 모두에게 유용하게 작용하는 방법 중 하나가 토큰**이라 생각한다.

플랫폼 내에 디지털 자산은 가치 이동이 투명하고 안정적이어야 하며 서비스의 다양성이 제공되어야 한다. 또한 사용자의 이탈을 막고 유입을 활성화시켜 가치를 상승시킬 수 있어야 한다. 기껏 디지털 자산으로 보상을 해줬는데 다른 곳으로 이탈해 사용해버리면 소용없는 일이지 않은가. 이와 같은 상황을 고려하여 플랫폼의 충성도도 높이려면 자체 발행한 토큰만한 게 없다. 예컨대 현재 시행되고 있는 마일리지나 포인트 제도와 유사하다. 특정 회사의 결제 빈도수에 따라 올라가는 마일리지나 포인트는 해당 회사 계열사 내에서 현금처럼 사용할 수 있다. 온오프라인의 매장에서 마일리지나 포인트로 결제가 가능한 것이다. 이 작은 아이디어 하나가 고객의 호감도와 충성도를 올린다.

토큰의 활용은 이보다 더 나은 보상을 기업과 고객 모두에게 제공해준다. 일종의 부메랑 같은 원리다. 플랫폼에서 제공하는 토큰은 당장 현금이 나가는 것이 아니기 때문에 기업의 입장에서도 보상이 편리하다. 또한 토큰의 쓰임을 다양화하면 그만큼의 사용량이 회수된다. 플랫폼의 사용자가 많아질수록 경제논리에 입각해 보상의 토큰보다 몇 배의 자산화를 시킬 수 있다. 고객의 입장에서는 플랫폼 기여도에 따라 토큰이 쌓여 좋고, 기업이 거둬들인 수익의 일정 부분을 혜택으로 제공받는 것도 가능하다.

이처럼 페이스북의 리브라도 플랫폼에 있는 수많은 공급자들의 서비스를 편리하게 구매하도록 했다. 공급자들은 사용자가 많아지면 그만큼 다양한 혜택을 주게 된다. 페이스북은 바로 그 점을 노렸다. 이는 리브라의 사용을 자극하고 신뢰도를 높이는 결과로 이어진다. 이와 같은 과정이 토큰의 경쟁력으로 연결되는 것이다.

결국 토큰의 성장 가능성은 기업가 정신에서 비롯된다. 어떤 형태로든지 서로 이익을 교환하고 있는 공동생활을 추구할 때 우리는 발전한다. 유발 하라리의 저서 「사피엔스」에서도 말하듯, 그 옛날 호모 사피엔스 종만 살아남아 진화를 계속한 건 신화, 종교, 문화, 법 등의 질서를 만들고 협동하며 체계를 확립했기 때문이다. 호모 사피엔스는 이후 농업혁명과 산업혁명 등의 생태계 변화를 불러일으키며 지금의 인류로 피라미드의 최상위 자리에 군림하고 있다. 요컨대 인류의 존재와 진화는 공생의 힘에서 나온다는 것이다. 경제도 다르지 않다. 우리의 미래는 '완전히 커다란 생물학적 전체의 미래와 생태적으로 연결되어 있다는 것'을 보다 능동적으로 깨달아야 한다.

・・・
토큰에 휴머니즘을 더하다

블록체인의 등장으로 공유문화를 재정의 하는 것은 다가오는 시대의 근본적인 이슈이다. **시스템은 인간에게서 집단으로서의 가치는 발견할 테지만 개인으로서의 가치는 발견하지 못한다.** 결국 기술이 발전하더라도 개인의 가치를 파악하고 존중하는 일은 인간의 유일한 영역이다.

마키아밸리의 「군주론」에서는 개인의 가치와 존중이 무시당할 때의 결과를 여실히 알려준다.

"1499년 10월 프랑스 국왕 루이 12세가 루도비코 스포르차공이 다스렸던 밀라노를 일거에 점령했다가 이듬해인 1500년 2월 곧바로 상실한 것도 바로 이 때문이다. 최초 밀라노 탈환 때 루도비코 스포르차는 자신의 군대만으로도 능히 루이 12세를 몰아낼 수 있었다. 루이 12세에게 성문을 열어 준 백성은 기대만큼의 보상을 받지 못하자 이내 새로운 군주의 억압적인 통치를 더 이상 참을 수 없었기 때문이다."

제국주의 시대에도 한 개인이 느끼는 부당함은 한 나라(권력)를 무너뜨릴 수 있었다. 개인의 경험은 집단을 모으고 그것은 곧 집단행동으로 이어진다. 이러한 예시는 역사 속에서 흔히 찾아볼 수 있다. 근래 국내에서 일어났던 촛불시위도 그렇다. 권력에서 개인이 갖는 가치는 매우 소중하다. 어떤 경우의 권력이라도 그 속성에는 개인의 결집에서 비롯되었다는 사실을 잊으면 안 된다.

플랫폼 제국에서도 한 개인의 경험은 곧 힘이다. 빅 데이터를 활용한 플랫폼의 서비스 질은 날로 향상되고 있다. 예컨대 아마존에서는 개인의 소비패턴을 분석하여 언제, 어떤 상품을 구매할 것인지 예측하고 미리 배송준비를 하는 시스템이 시험에 있다. 소비자는 제품 서치 없이 구매 버튼만 누르면 된다. 글로벌 카드사인 비자(VISA)

는 고객의 구매이력 및 성향을 파악하여 인근 가맹점의 할인쿠폰을 발송하는 RTM(Real Time Messaging) 서비스를 제공한다. 이로써 고객은 플랫폼 업체로부터 편리한 소비를 권장 받는다. 이는 소비자의 만족을 이끌어낼 수 있지만 반면에 역효과도 불러올 수 있다.

플랫폼의 서비스는 고객으로부터 소비를 장려한다. 하지만 고객은 소비의 참여 기여도에 대한 보상을 느끼지 못한다면 자신을 소비의 도구로 여기기 시작한다. 이러한 불쾌한 경험이 쌓여 결국 제국을 무너뜨리는 것이다. 따라서 **'보상(reward)'이라는 경험을 통해 개인의 가치가 충분히 존중받고 있음을 보여줄 필요**가 있다.

최근 공유숙박 플랫폼인 에어비앤비를 겨냥한 수수료 없는 블록체인 공유숙박 플랫폼인 위홈(wehome)이 국내에서 생겨났다. 이 플랫폼이 에어비앤비와 다른 차이점은 토큰을 이용하여 숙박 예약이 가능하다는 점이다. 여기에서 몇 가지 경험적 가치가 형성된다.

첫째는 저렴한 가격으로 만족도를 높인다. 블록체인을 이용하여 호스트와 게스트는 중간 개입자 없이 직접 거래를 할 수 있어 불필요한 수수료 낭비를 막을 수 있다. 덕분에 서비스 이용 가격은 낮아진다. 이것이 블록체인 기반 플랫폼의 장점이라는 것은 이제 많은 이들이 안다.

둘째는 참여 기여도에 따른 토큰 보상이다. 플랫폼은 호스트와 게스트의 활동내역에 따라 인센티브 형태로 자체 토큰을 받을 수 있게 했다. 호스트 입장에서도 서비스의 질을 계속 올리는 동기부여가 되어 결과적으로 게스트에게도 긍정적인 인식을 남긴다. 게스트는 예약, 평가, 검토, 추천, 투표 등의 플랫폼 내 활동을 통해서 토큰을 받는다. 그리하여 플랫폼의 트래픽을 높이는데 효과를 줄 수 있다.

셋째, 실생활에서 활용 가능한 토큰이다. 인센티브로 받은 토큰은 플랫폼의 협력업체를 통해 온오프라인에서 현금처럼 사용할 수 있다. 이러한 서비스 업체는 점점 많아지고 있는 추세다.

이러한 특성을 기반으로 플랫폼은 사용자 중심의 생태계를 구축하게 된다. 그것은 사용자에게 **'인정받고 있다'**는 느낌을 강하게 갖게 해준다. 인정의 효과는 별 것 아닌 듯 싶어도 엄청난 시너지를 창출하는 요소 중 하나이다. 심리학자 허츠버그(Herzberg)의 '동기유발-위생이론(motivation-hygiene theory)'에서도 칭찬과 인정 같은 만족요인은 참여 동기를 불러일으키고 직무 수행력을 향상시킨다고 했다. 사용자 중심의 플랫폼 역시 그만큼 커뮤니티가 활성화 되고, 사용자가 증가하며 자연히 기업의 가치도 상승시킬 것이다.

플랫폼의 토큰 생태계 설계를 보면 자연스럽게 수요와 공급이 이뤄지도록 되어 있다. 수요가 없는 토큰 생태계는 살아남기 힘들다. 따라서 블록체인 플랫폼에서 토큰의 목적성은 매우 중요하다.

토큰의 쓰임은 기업의 수익성이 아니라 소비자의 실용성에 맞춰져야 한다. **플랫폼 기업은 휴머니스트가 되어 개인의 가치를 일깨워줘야 한다. 사람은 뭔가를 성취하고, 인정받고, 나의 일이 사회적으로 의미가 있다고 여겨지면 성장하는 느낌을 받는다.** 기술 중심의 사회가 되면서 우리는 점점 성장의 요소가 되는 노동환경을 잃어간다. 그렇다면 새로이 등장한 디지털 노동시장을 재편성해 그에 맞는 성장의 요소들로 채워나가도록 해야 한다. 비록 **토큰이 작은 성과이긴 하지만 IT 세계에서 결여되어 가는 휴머니즘을 더하기에는 충분**하다.

4. 플랫폼 사용권이 곧 기업의 소유권이다.

2020년 1월 미국 프로농구(NBA)에서는 재미난 소식이 들려왔다. NBA 스타 '스펜서 딘위디(브루클린 네츠 가드)'가 자신의 몸값을 암호자산으로 내놓은 것이다. 딘위디는 지난해 브루클린 네츠와 3년 총액 3,420만 달러 규모의 계약을 체결했다. 그는 이 연봉 계약을 채권 형태의 자산 토큰화로 발행하여 투자자들에게 판매할 계획이다. 사실 딘위디는 2019년에도 이와 같은 계획을 세웠지만 프로농구협회의 반대로 무산된바 있다. 그러나 이번에 NBA가 손을 들어 프로 스포츠계 최초로 혁명적인 계약을 이뤄내고 만 것이다.

디애틀레틱스(the athletics) 보도에 따르면, 딘위디 선수는 드림팬

쉐어스(Dream Fan Shares)⁽⁰⁷⁾가 제공하는 '$SD8' 토큰으로 90개를 발행한다고 발표했다. 3년 채권형 토큰은 개당 15만 달러의 가격에 판매되며, 매월 4.95%의 기본 이자를 지급할 예정이다. 일명 '딘위디 토큰'이라 불리는 토큰이 팔리면, 딘위디 선수는 구단에서 3년간 받는 급여를 투자자들로부터 한꺼번에 받을 수 있다. 투자자들은 딘위디 선수의 활약상을 지켜보며 매월 이자를 지급 받는다. 또한 딘위디 선수가 시즌 성적이 좋을 경우, 다음해 계약에서 더 많은 계약금을 노릴 수 있어 투자자들도 높은 수익률을 올릴 수 있다.

이처럼 자산 토큰화는 전례 없는 새로운 자본을 창출했다. 딘위디의 기발한 행동은 디지털 자산 시장에 신선한 충격과 더불어 무한한 아이디어를 제공하고 있다. 만약에 다양한 형태의 자산 토큰화가 이루어진다면 사회는 독점적 소유의 개념이 사라지고 대등한 공존 관계로 빠르게 전환될 수 있다.

---

07) 운동선수 및 예술가, 인플루언서의 잠재적 성공에 투자하기 위해 이더리움 블록체인을 활용하는 플랫폼.

그렇다면 '자산 토큰화'란 무엇일까?

'자산 토큰화'란 말 그대로 **자신이 가지고 있는 자산을 디지털 토큰으로 전환한 형태**이다. 스테이블 코인은 플랫폼 기업이 자체 발행한 암호화폐로 플랫폼 내에서 서비스화 한 것이지만, 자산 토큰은 토큰화 된 자산이 가진 권리들을 분배하는 행위를 말한다.

2018년 스위스의 금융시장감독위원회(FINMA)는 암호 자산의 토큰을 3가지로 분류했다.

1) **지불 토큰**이다. 비트코인과 같이 재화와 서비스의 취득을 위해 사용하는 것이다.
2) **유틸리티 토큰**이다. 특정 블록체인 플랫폼에서 발행한 암호화폐를 말한다. 리브라와 같은 스테이블 코인으로 해당 플랫폼에서 화폐 대용으로 사용할 수 있는 것이 특징이다.
3) **자산 토큰**이다. 기업의 자산이나 수익 흐름에 참여하여 이자 수익을 배당 받을 권리를 준다. 흔히 증권형 토큰이라고도 하여 증권법을 적용받는 것이 특징이다.

자산 토큰은 그 용도가 주식, 채권 등 유가증권(자본증권)과 동일하다. 출자 지분이나 발행자에 대한 지급 청구권, 공동사업에 따른 수익을 분배받을 권리 등과 같은 증권의 성격을 띤다. 그러므로 자산 토큰은 블록체인 플랫폼에서 생성·거래되는 암호화된 증권인 셈이다. 따라서 증권법에 의거하여 자산 토큰을 발행해야 한다. 자산 토큰을 보유하고 있으면 기업의 법적 소유권을 가졌다는 의미이다. 기업이나 그 기업의 블록체인 플랫폼에서 낸 수익이나 자산의 일부를 배당받을 수 있다.

<증권형 토큰 발행사의 모습>[08]

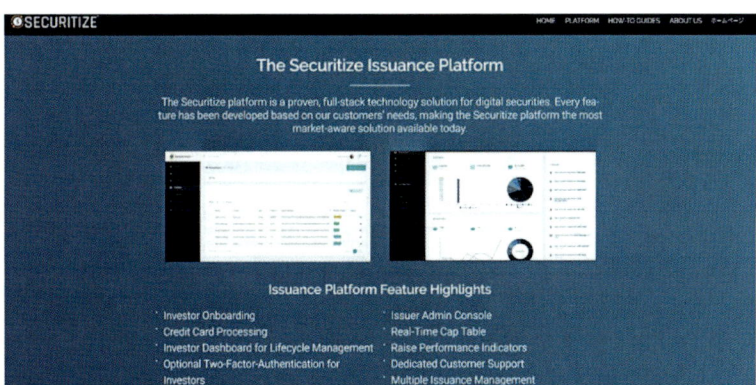

이미 골드만삭스나 JP모건, 피델리티와 같은 금융사는 자산 토큰 사업을 한창 준비 중에 있다. 골드만삭스가 후원하는 서클(Circle)의 공동 설립자(CEO) 제레미 앨레어는 다보스에서 열린 세계경제포럼(WEF·다보스포럼)에서 **"토큰화가 암호화폐의 미래"**라고 말하며 **"토큰화

---

08) 토큰 발행을 위한 STO 프로토콜 플랫폼을 제공, Polymath, Securitize, Harbor 등이 대표적 사업자로 알려졌다. [출처] 다시 뜨는 블록체인, 그리고 디지털 에셋과 STO|작성자 AIBRIL

를 통해 시스템상 금융 리스크를 야기하지 않고 유동자산의 접근성을 높일 수 있다"고 말했다. 이제 금융시장은 ICO[09] 보다는 자산 토큰(증권형 토큰)인 STO(Security Token Offering의 약어) 발행에 더 많은 관심이 쏠리고 있다.

<증권형 토큰 거래소의 모습[10]>

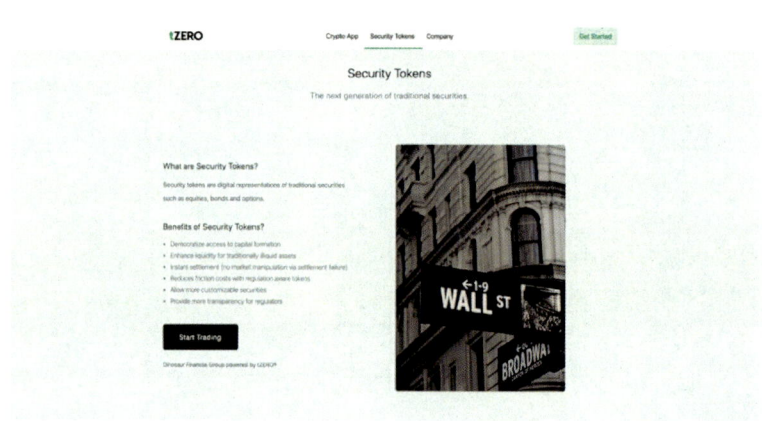

스위스와 싱가포르는 관련 플랫폼 및 가이드라인을 만들어 STO에 문을 열어주고 있다. 미국은 아직 별도의 규정은 없지만 기존의 증권법을 바탕으로 규제를 하고 있으며, 2019년 초 SEC의 "디지털 자산 증권 발행 및 거래에 관한 성명"을 발표하며 자산 토큰의 거래

---

09) ICO는 Intial Coin Offering의 줄임말로, 블록체인 기반의 비즈니스를 만들려는 스타트업이 암호화폐를 발행하여 필요한 자금을 조달하는 것을 의미한다.
10) 증권형 토큰을 매입하고 매각할 수 있는 유통 플랫폼. 대표적인 거래소로는 미국의 tZERO, Open Finance Network가 있다.[출처] 다시 뜨는 블록체인, 그리고 디지털 에셋과 STO|작성자 AIBRIL

근거를 만들어 갔다. 일본도 자산 토큰에 대한 내용이 포함된 금융상품거래법 조항을 2020년부터 시행하고 있으며, 국내에서도 제도화를 한창 논의 중이다. 자산 토큰에 관한 제도가 수정 및 확립된다면 그 활용은 점점 더 넓어질 것이다.

사실상 자산 토큰화의 대상은 유·무형을 떠나 그 범위를 무한정 확대할 수 있다. 딘위디의 경우처럼 그 대상의 경제적 가치가 인정된다면 무엇이든 토큰화 시킬 수 있다. 전통 자산인 주식이나 채권, 원자재 등은 물론 최근에는 부동산, 미술품과 같은 대체 자산도 토큰화를 진행하고 있다. 그러면 고가의 상품들도 누구나 쉽게 소유권을 갖고 그에 따른 별도의 수익을 얻게 되는 것이다. 이러한 자산 토큰화는 마르크스의 사회주의 이념인 공동 소유권을 실현시켜주고 있다. 자본주의의 모순을 비판하며 등장한 사회주의가 디지털 세계를 맞이하며 새로운 자본주의 시대에서 현실화되는 또 하나의 모순을 보는 셈이다. 머지않은 미래에는 특정 몇몇이 아닌 평범한 사람도 기업의 핵심 자산을 공유하는 것이 일상화되리라 예상해본다.

・・・
긱 워커도 회사의 주인이 된다

블록체인 플랫폼에서는 노동자도 기업의 주인으로 만든다. 흔히 기업은 노동자에게 '주인의식'을 가지라고 말하지만 실제 회사의 주인은 주주이지 노동자가 아니다. 노동자는 그저 노동을 파는 대가를 받는 사람일 뿐이다. 만약 회사가 노동자에게 주인의식을 요구한다면, 이는 더 많은 노동을 강요하는 것이다.

주인의식은 노동자도 진짜 회사의 주인이 되게 해줘야 한다. 주인이 된다는 것은 '**회사를 소유할 수 있는 권리, 이익을 분배받을 수 있는 권리, 정보를 공유 받을 수 있는 권리, 의사결정에 참여할 수 있는 권리**'를 의미한다. 블록체인 플랫폼에서 생성되는 자산 토큰화는 바로 이러한 권리를 노동자에게 실현시켜 준다.

예컨대 기업이 자산을 토큰화 한다고 치자. 이렇게 생겨난 증권형 토큰을 분할하여 투자자들에게 판매하는 방식으로, 투자자는 분할 소유권을 쉽게 취득할 수 있다. 가령, 삼성전자의 100만 원짜리 주식을 나눠 갖는다 가정해보면, 기존에는 주식과 관계된 채권계약이 이루어져야 여러 명이 하나의 주식을 나눠가졌다. 하지만 증권형 토큰은 암호화폐로써 분할이 가능하기 때문에 별도의 계약 없이도 소유권 분배가 가능한 것이다. 토큰 자체가 블록체인 플랫폼상에 존재하는 프로토콜이므로 스마트 계약으로 소유권 성립이 이루어진다. 또 다른 장점은, 기업이 상장하지 않더라도 토큰 생성이 가능하고 누구에게나 판매할 수 있다는 점이다. 이러한 편리성으로 개인도 얼마든지 기업에 소액 투자를 할 수 있게 된다.

실례로 미국의 세인트레지스 아스펜 리조트는 2018년 크라우드 펀딩 플랫폼인 인디고고를 통해 회사의 지분을 팔았다. 그들은 아스펜 디지털을 설립하여 전체 리조트 가치의 18.9% 가량의 지분을 토

<아스펜 토큰 투자자 모집 화면>

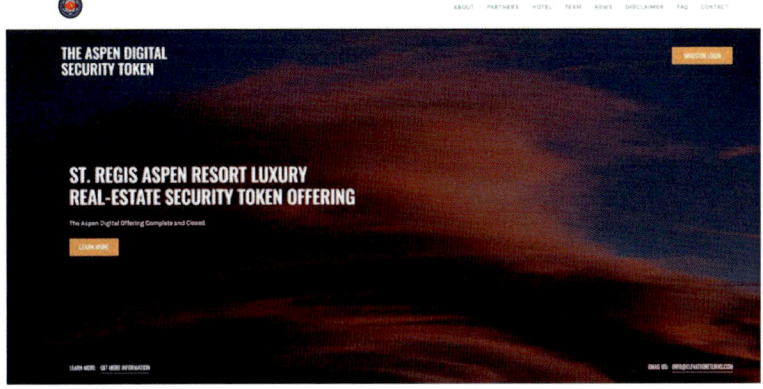

큰화 했다. 발행과 판매는 ATS 라이선스를 받은 업체인 템플럼 마켓(Templum Markets)이 담당했다. 이들은 투자자들에게 아스펜 코인을 판매하며 자금을 조달했고, 약 1800만 달러를 모금하는데 성공했다. 투자자들은 아스펜 토큰을 지급받고 정기적으로 배당을 받고 있다.

또한 400억 원대의 맨해튼 고급 아파트 지분을 파는 프로젝트도 등장했다. 현지 시가로 3650만 달러(약 410억 8000만원)에 달하는 고급 아파트를 담보로 증권형 토큰을 발행해 일반인들에게 판매하는 것이다. 블록체인 업체 플루디티(Fluidity)가 진행하는 이번 프로젝트는 이더리움 기반 Smart contract(조건부 자동계약 체결)를 통해 소유권과 토큰의 생성 및 배포되기 때문에 거래내역이 투명하고, 중개인 수수료의 부담도 낮다.

이처럼 미국에서는 STO의 실질적인 거래가 이루어지고 있고, 아시아에서는 싱가포르와 홍콩의 움직임이 두드러진다. 싱가포르와

홍콩은 STO에 대한 규제 마련과 시행에 들어갔으며, 플랫폼 개발에도 적극적이다. 그들은 이제 막 STO 생태계가 조성되면서 미술품과 음원 등을 토큰화 하는 프로젝트가 진행 중에 있다.

블록체인 기반 플랫폼 선두 국가들을 시작으로 자산 토큰화는 이제 막 기지개를 펴고 있다. 그것은 단순 노동자가 기업의 오너가 되는 지름길을 마련해준다. 기회만 잘 탄다면 노동자가 노동을 쉬는 동안에도 부를 축적하는 환경을 조성할 수 있는 것이다.

기업이나 자산의 가치를 보고 일정 부분 토큰에 투자한다면, 제2의 무노동 수익처를 확보하게 된다. 「백만장자와 함께한 배낭여행」의 저자는 이를 일종의 '아바타론'으로 칭했다. 부를 축적하기 위해서는 내가 쉬는 동안 나 대신 열심히 일할 아바타가 필요하다. 창작자들은 그들이 쉬는 동안 창작물이 돈을 벌고, 자본가들은 그들의 자본이 돈을 번다. 기업가는 직원들이 대신하여 돈을 벌어준다. 그러나 월급쟁이 근로자, 긱 워커들은 자신의 노동력을 판 시간 외에는 어떤 수익도 발생하지 않고 자유도 제약 받는다. 이것은 수세기 거듭된 노동자들의 뼈아픈 현실이다. 이러한 굴레를 조금이나마 벗어던지려면 내 노동이 수반되지 않고 수익을 창출해줄 아바타를 만들어야 한다. 저자 중 한명은 그의 아바타를 주식으로 말했다. 그가 여행하는 동안에도 그는 주식 배당금을 받으며 돈을 벌고 있는 것이다.

하지만 일반인에게 주식은 위험하고 어려운 선택이다. 그러나 **자산형 토큰은 접근이 쉽고 안정적이게 수익을 챙길 수 있는 아바타**이다. 물론 아직 토큰은 다소 낯선 개념이긴 하지만 수십 년 후의 미래 통화 및 금융 투자는 토큰화 형태로 진행될 가능성이 높다. 미래 경제는 불투명하지만 전혀 예측 불가능한 것만도 아니다.「새로운 부의 탄생」[11]에 등장한 '뉴 노멀'[12]이 오늘날 찾아올 거라 예상한 것처럼, 지금의 경제 흐름에는 분명한 미래의 단서가 있다. 세계 각국에서 블록체인과 디지털 자산은 금융 시스템에 주요한 역할을 하게 될 것이란 점이다. 이 단서를 잘 파악하고 활용한다면 우리의 미래도 달라진다. 노동을 대신할 아바타를 얻을 것이냐 노동을 찾는 워커로만 남을 것이냐, 현재가 미래의 삶을 결정짓는 분명한 갈림길이다.

---

11) 세계적인 자산운용회사 핌코(PIMCO)의 부회장인 '모하메드 엘 에리언'이 2008년 내놓은 도서이다. 변화하는 국제적인 여건와 금융구조, 날로 커져가는 개발도상국에 대한 중요성으로 투자와 리스크 관리의 본질이 변화하게 되는 과정을 의미 있고 통찰력 있게 분석한다.
12) 2008년 글로벌 금융위기 이후 새롭게 나타난 세계경제의 특징을 통칭하는 말로 저성장, 규제 강화, 소비 위축, 미국 시장의 영향력 감소 등을 주요 흐름으로 꼽는다. [출처: 두산백과, http://www.doopedia.co.kr]

5. 참여만 해도 돈이 모이는 긱 경제

　감당할 수 없을 정도로 급속히 발전하는 과학기술도 혁명전야에 준하는 것이다. 4차 산업혁명이란 이름에는 우리 삶을 뒤흔들 엄청난 폭풍이 불어온다는 의미일 게다. 블록체인과 코인은 이에 대한 효과적인 대비책일 수 있다. 문제는 그 과정이 뒤틀릴 수 있고 오래 걸린다는 점이다. 혁명에 편승하려면 쉬이 가는 길은 없다. 무엇이든 시행착오를 거치고 혼란을 겪으며 안정을 찾아가는 법이다. 암호자산 토큰 경제는 그 일선에서 혁명의 원군이 된다.
　우리는 지금까지 블록체인 플랫폼이 주는 토큰의 세계를 맛보았다. 기존의 암호화폐가 갖는 탈중앙화와 보안성, Smart contract를 통한 투명성 등을 보장받으면서 더불어 안정적인 자산을 형성할 수 있는 획기적인 아이템이다. 긱 경제에 이러한 토큰 활용법이 광범위하게 쓰인다면 독점과 집중으로 인한 시장 논리와 노동, 소득의 문제를 푸는 열쇠로 작용할 수도 있다.

일단 기존 프리랜서 플랫폼 시장에 일거리 제공과 임금 지급 방식이 완전히 달라진다. 앞서 한차례 말한 바처럼, 블록체인 Smart contract 기술과 암호화폐로 원격 근로 계약이 가능해지며, 낮은 수수료와 빠른 글로벌 송금이 이루어진다. 이는 기업과 긱 워커 모두에게 더 높은 수익을 가져다 줄 수 있다. 그리하여 대부분 자국 내에서 이루어지던 플랫폼 노동 시장의 국경이 점차 사라지게 된다.

기업들은 전 세계의 구인시장에 눈길을 돌려 인력을 확보하기 위해 플랫폼을 활용한다. 주로 블록체인 워크 플랫폼에서는 마이크로 태스크(Micro Task) 관련 일거리 제공이 많아질 전망이다. 마이크로 태스크란, 기업이 제공하는 간단한 업무로써 사진 분류나 오탈자 검사, 간단한 설문조사, 제품 테스팅 등의 일이다. 이는 많은 지식을 필요치 않기 때문에 전 세계 누구나 참여할 수 있다. 따라서 블록체인 기반의 워크 플랫폼에서는 임금(토큰) 지급 방식에 제약이 없어 언제, 어디서나, 원격근로가 가능하다.

또한 기업의 브랜드 태스크(Brand Task)[13]에 참여하여 보상을 받는 방법도 있다. 실례로 2014년 '사이먼 유(Simon Yu)'와 '칼빈 허쉬(Calvin Hsieh)'는 '비트메이커(BitMaker)'라는 모바일 애플리케이션을

---

13) 기업들이 자사의 서비스나 제품을 유저들에게 홍보하고, 유저들은 해당 기업의 제품을 사용해보거나 구매하는 등의 참여를 통해 임금을 받는 일거리를 말한다.

출시하여 짧은 광고 동영상을 보는 대가로 비트코인을 지급했다. 이후 그들은 비트메이커의 리브랜딩인 '스톰 플레이'를 설립하고 '앱 다운로드', '회원가입', '제품 구매 및 체험' 등의 일거리를 제공하고 더 다양한 방식으로 암호화폐를 얻도록 했다. 오늘날에는 마이크로태스크 관련 일거리를 제공하며 수익성을 증대시키고 있다.

그 외에도 블록체인 워크 플랫폼에서는 다양한 형태로 암호화폐 지급이 가능하다. 플랫폼에서 기업이 인재를 직접 고용하거나 다른 업체로 추천해줄 때에도 보상이 이루어진다. 이 과정에서 긱 워커는 새로운 일자리를 얻을 수 있게 되어 더 높은 노동의 질을 제공하게 된다. 기업과 근로자의 Win-Win이 자연스럽게 형성되는 것이다.

결국 블록체인 워크 플랫폼의 시작은 국경이 없는 플랫폼 노동의 문을 여는데 기여한다. 물론 인터넷을 통해 워크 플랫폼은 이미 전 세계적으로 열려 있다. 하지만 기존의 금융 시스템의 문제로 한계를 드러낸 것도 사실이다. 이러한 문제를 블록체인과 디지털 자산이 해결하면서 고용시장 활성화에 지대한 영향을 미칠 것이라 예상된다.

• • •

쓰면 쓸수록 돈이 쌓이는 플랫폼 시장

예컨대 블록체인 플랫폼이 하나의 거대한 시장을 형성한다고 상상해보자. 플랫폼에서는 자체 발행한 토큰을 활용한다. 이를 간단히

'토큰 마켓'과 '블록 토큰'이라고 칭하겠다. 토큰 마켓 안에는 쇼핑, 푸드, 도서, 여행 및 교통, 게임 등의 수많은 기업과 파트너를 맺고 연계되어 있다. 그곳은 일종의 가상공간의 '블록체인 도시' 즉, '사이버 도시'라고 해도 무방하다.

온라인 토큰 마켓에는 블록 토큰을 현금처럼 사용한다. A씨는 토큰 마켓의 파트너사인 스타벅스에서 커피 쿠폰을 사고 오프라인에서 즐긴다. 이는 기존의 온오프라인 서비스와 크게 다르지 않다. 하지만 토큰 마켓에서는 블록 토큰으로 커피를 구매한 A씨에게 홍보의 대가로 일정부분 보상 토큰을 지급한다. 기업의 입장에서 커피를 구매하고 제3자와 함께 즐기며 자사의 서비스를 경험하게 한 A씨도 엄연히 홍보행위를 해준 셈이기 때문이다. 또한 스타벅스의 자산 토큰화를 블록 토큰으로 보유한 A씨는 해당 서비스를 이용하면서 더 많은 수익을 배당받을 수도 있다. 이는 유틸리티 토큰과 자산 토큰의 결합이 가능하기 때문이다.

또 A씨는 우버를 이용하며 댓글과 평점을 남기고 블록 토큰을 지급 받았다. 우버 역시 토큰 마켓의 파트너사이다. 토큰 마켓에서 하는 A씨의 모든 행위는 전부 노동으로 간주한다. 따라서 모 기업의 서비스를 이용하고, 추천하고, 댓글을 달며, 플랫폼 내의 홍보영상을 청취하는 것에도 토큰이 지급되는 것이다.

심지어 A씨는 토큰 마켓의 플랫폼 생성시기 로열티 프로그램에 참여하여 지분을 부여받기도 했다. 그 덕분에 토큰 마켓에서 생활 전반에 필요한 소모품과 서비스를 구매하면서도 마켓의 트래픽이 활성화되고 가치가 오를수록 별도의 배당도 받게 된다. 그렇게 쌓인 블록 토큰을 다시 마켓에서 활용한다. 결국 돈을 쓰고도 돈을 버는 순기능이 작용하여 부를 계속해서 축적해나갈 수 있는 것이다.

이것이 블록체인 플랫폼 마켓이 꿈꾸는 긱 경제의 미래이다. 물론 지금 당장 이루어지는 일은 아니다. 현재 나라별·기업별로 진행되는 무수히 많은 디지털 자산 프로젝트들이 개별적으로 산재되어 있다. 이를 통합하는 일은 여간 까다로운 일이 아닐 것이다. 그러나 위와 같은 마켓의 실현 가능성을 높이 보는 것은, 이미 토큰 프로그램들이 개발·진행되고 있으며 호조의 사례들을 보여주고 있다는 점에서다. 또한 기업들은 이익을 위해서는 독자적으로 진행하면서도 곧이어 흐름에 편승하여 합류하기도 한다. 개별 공간보다는 다수의 공간에서 영업적 시너지가 더 크다는 것을 잘 알고 있기 때문이다. 그러므로 향후 하나의 거대 플랫폼 마켓이 형성되는 것은 그리 터무니없는 일만도 아니다.

일각에서는 아직도 블록체인 시장과 디지털 자산에 대해 의문을 갖는 사람도 있다. 하지만 본인이 부정한다고 해서 다가올 미래가 오지 않는 것은 아니다. 오히려 비관론과 긍정론이 팽팽하게 대립한다는 것은 그만큼 화제의 중심에 있다는 방증이다. 사기나 도박이라고 폄하해도 그 미래를 예상하는 사람들은 훨씬 많다. 자신의 안목에 의심이 든다면 그들의 눈을 빌려야 한다. 워렌 버핏은 이렇게 말했다.

"항상 멀리 내다봐라. 10년 이상 주식을 보유할 생각이 없으면 10분도 보유하지 말아라. 남들이 겁먹고 있을 때 욕심을 부려라. 남들이 특정한 투자에 겁을 먹고 있을 때만 유일하게 욕심을 부려도 되는 시기다."

블록체인 플랫폼 시장과 디지털 자산이 바로 그런 때이다. 이제는 고려할 때가 아니라 움직여야 할 시기다.

Plus Point ++++++++++++++++++++++++++++++++

'긱(gig) 노동'의 상향 평준화!
사람중심의 人novation

긱 노동을 극빈층의 희망으로 만든 '사마소스' 창업자 레일리 자나

ⓒTTimes, 배소진 기자(2020.01.20)

긱 근로자는 '보호받을 수 있는 근로자'의 '보호받을 수 없는 자영업자화'를 말한다. 즉, 하향 평준화를 의미하는 것이다. 그런데 '긱 노동'을 통해 수많은 극빈층을 빈곤에서 벗어나게 한 사회적 기업 창업가가 있다. 이들에게 '긱'은 하향 평준화가 아니라 상향 평준화였다.

어린 시절 부모를 따라 미국에 이민을 온 인도 출신의 레일라 자나. 그녀는 하버드대를 졸업하고 경영 컨설턴트가 되어 첫 출장을 인도 뭄바이로 갔다. 당시 그녀의 눈에 띈 인도의 모습은 슬럼가 사람들이 희망도 없는 표정으로 앉아 있는 모습이었다. 레일라 자나는 그것을 보고 이런 의문이 들었다고 한다.

'인도가 아웃소싱으로 수백만 개 일자리가 생겼다고 하는데 이들은 왜 일거리가 없을까? 이들에게 일거리를 줄 수 없을까?'

출장에서 돌아온 그녀는 2008년 '사마소스(Samasource)'라는 사회적 기업을 창업했다. 그리고 구글, 게티이미지 등의 기술기업과 협약을 맺고 이미지에 태그를 붙이거나 데이터를 분류하는 온라인 일거리를 인도와 아프리카 극빈층 여성 및 청소년들에게 연결시켰다. 현재 이 회사를 통해 일하고 있는 사람은 5만 명이 넘으며, 동아프리카에서 가장 큰 긱 고용주로 꼽힌다.

사마소스는 데이터 라벨링(data-labelling) 회사이다. 사람들이 인터넷으로 정보를 찾을 수 있는 것은 검색이 가능하도록 정리되어 있어서다. 예를 들어 '강아지'를 검색했을 때 강아지 사진 수십만 장이 뜨는 것은 각 사진에 '강아지라는 태그'가 붙어있기 때문이다. 머신러닝 기술로 자동화되고 있긴 하지만 정확도를 높이기 위해 여전히 사람의 눈과 손을 거쳐야 한다. 이런 태그 작업을 아웃소싱으로 해결해주는 것이 사마소스의 역할이다. 이를 위해 사마소스는 인도와 아프리카에서 무료 교육을 제공해오고 있다. 컴퓨터를 전혀 다루지 못했던 사람들이 온라인에 접속해 업무를 수행할 수 있기까지 약 2주 정도 걸린다. 초보 직원들은 하루 8시간 사무실에 출근해 일하고 3달러를 번다. 숙련이 되면 임금이 늘어난다. 창업 후 3년 동안 일한 직원들의 연 수입은 평균 4배가 늘어났다. 이곳 주민들의 41%가 하루 1.25달러 미만을 버는 것을 고려하면 놀라운 수준이다.

현재 사마소스를 통해 AI 데이터 입력을 맡기고 있는 회사는 구글, MS, 페이스북, GM, 월마트 등 포춘 50대 기업 중 25%에 달한다. 고객이 늘어나자 사마소스는 기업들로부터 데이터를 받아 각 지역의 직원들에게 나눠주고 다시 수거하는 데이터 라벨링 전용 플랫폼 '사마허브(Samahub)'도 개발했다.

레일라 자나는 사마소스를 운영하며 교육의 중요성을 실감하게 됐다. 짧게나마 교육을 받은 직원들은 사마소스를 떠난 뒤에도 경력을 쌓아 더 나은 월급을 받는 일자리로 옮겨갔다. 사마소스를 거쳐 간 직원들의 3년 뒤 연수입을 추적해보니 평균 800달러에서 3300달러로 상승해 있었다. 그래서 그녀는 기술이 없는 저소득층을 훈련시키면 이들이 자립할 가능성도 높아질 거라 판단했다. 그리하여 2013년 미국 샌프란시스코에서 '사마스쿨(Samaschool)' 실험이 시작된다. 그녀는 지역 대학들과 협력해 평생교육원에서 IT 교육을 제공했다. 데이터 입력 등의 직업을 구하고자 하는 사람에게 관련 기술을 교육했고, 온라인에서 일자리 찾는 교육도 실시했다. 이 교육에선 업워크(Upwork)나 태스크래빗(TaskRabbit) 등 온라인 구직 플랫폼이나 우버, 리프트, 인스타카트 등에서 일자리를 찾을 수 있도록 가르친다. 사이트에 가입해 프로필을 입력하는 법부터 일감을 받을 수 있도록 홍보문구를 작성하는 법, 앱을 통해 구인자와 연락하고 거래하는 방법, 모바일 금융거래 방법 등 모든 과정을 하나하나 알려준다. 한 마디로 긱 근로자를 종합적으로 양성하는 것이다.

사마소스는 현재 케냐와 미국의 뉴욕, 아칸소주 등에서 오프라인 수업을 운영하고 있고 65개국 대상으로 온라인 수업도 진행하고 있다. 이런 교육이 필요할까 생각할 수 있지만, 미국에서도 앱 화면을 보는 것조차 낯선 디지털 문맹이 적지 않다. 인터넷을 통해 자신들이 할 수 있는 일이 있음에도 불구하고 그 기회를 찾지 못하고 있는 것이다. 이렇게 레일라 자나는 아무 기술도 희망도 없던 극빈층에게 작은 기술로 시작할 수 있는 일을 주고, 이 기술을 활용해 더 나은 일을 할 수 있도록 하여 자립을 돕는데 생을 바쳤다. 그녀는 안타깝게도 37세의 짧은 나이에 암으로 세상을 떠났다. 뉴욕타임스는 그녀가 세상을 떠나자 이렇게 추모했다.

"레일라 자나는 항상 이렇게 믿었다. 세계에서 가장 가난한 사람들의 지성은 세계 경제에서 가장 큰 미개발 자원(the biggest untapped resource)이다."

"빈곤한 사람들이 의료, 교육, 깨끗한 물, 안전한 주거 등 기본적 생계를 누릴 수 있도록 돕고 싶은가? 그렇다면 그것들을 제공하지 말라. 그들에게 수익이 생긴다면 모든 것을 스스로 할 수 있다. 빈곤을 줄이는 가장 직접적이고, 장기적으로 작동하는 유일한 방법은 가난한 사람들이 현금을 벌 수 있도록 일을 하게 하는 것이다."
— 레일라 자나, 2017.9.26, 패스트컴퍼니

레일라 자나가 보여준 긱 노동의 상향 표준화의 기본은, 사람 중심의 인본주의적 혁신이었다. 오직 인간을 어떻게 하면 이롭게 할 것인가에 초점을 맞춘 것이다. 긱 이코노미에서의 혁신은 Innovation이 아니라 사람중심의 人novation임을 몸소 보여줬다.

— 출처:http://www.ttimes.co.kr/view.html?no=2020020616137760958

에필로그, 긱 이코노미 인문학

긱 이코노미가 누구를 위해 어떻게 활용될 것인가는 우리 사회가 결정해야 할 몫이다

긱 이코노미의 확산으로, 인간에게 안정과 사회적 지위를 제공했던 조직들은 점점 불안정하고 유연하게 변모해가고 있다. 그러면서 인간은 조직에서 제약을 받지 않는 자유로운 존재이면서 동시에 보호받지 못하는 존재가 되어간다. 미래의 인간은 노동이 더 이상 사회적 보장과 지위를 부여하지 못하는 세상에서 살게 될 가능성이 높아졌다. 이러한 조짐은 인간의 삶에 엄청난 변화의 폭풍을 예고하고 있다.

그러나 문명과 기술이 아무리 발전한다 해도 긱 이코노미에 '인간다움'의 증진이 동반되어야 한다. 그것은 긱 이코노미가 만드는 세상에 인간을 맞추는 것이 아니라 **'인간다운 삶에 비추어 긱 이코노미**

가 만들어지도록' 세상의 방향을 결정하게 하는 것이다. 긱 이코노미는 인간이 이제까지 당연시 해온 사회적 관행과 습관, 인간의 의식과 행동을 모두 바꿀 수 있는 변화의 기회이다. 인간은 현재 다가오는 변화에 대해서 적응력을 발휘하여 부정적인 영향을 줄이고 긍정적인 영향을 늘리려는 노력을 해야 한다. 더 나은 세상은 어떤 세상이며, 그 세상을 만들기 위해 무엇을 해야 하는지를 고민하는 사람들이 많아지면 긱 이코노미가 만들어 갈 사회의 바람직한 방향을 모색하는 일이 더 자연스러워질 것이다.

대다수의 사람들은 정해진 시간에 일해야 하는 삶을 원하지 않는다. 자유롭게 일을 하면서 자아를 발견하는 가치 있는 경험을 원하는 것이다. 이러한 일에 관한 철학은 토마스 바세크의 저서 「노동에 대한 새로운 철학」에서 잘 보여준다. 그는 흔히 '워라밸'을 추구하지만 노동은 우리 삶의 일부이기 때문에 일과 삶은 이원론적으로 분리할 수 없다고 말했다. 대신 그는 **"노동은 우리의 정체성을 규정하므로 좋은 노동을 요구하는 사회운동을 해야 한다는 것"**이 그가 말하고자 하는 철학이다. 굳이 나쁜 노동을 견디며 일과 삶의 균형을 맞추라는 것은 기회주의자들의 말이다. 이를 실천하지 못하는 노동자들에게 워라밸은 또 다른 강박을 주는 요소가 됐다. 우리는 왜 노동과 여유를 분리해서 새로운 부담감을 떠안게 되는 걸까? 오히려 일을 즐겁게 하는 방법, 좋은 일을 찾는 노력을 집단적으로 해야 하는 것이 더 중요하다. 더불어 노동으로 획득하는 정체성(내적 재화)에 대해서도 그렇다. **좀 더 나은 방식으로 만족스러운 경제활동을 하는 길을 찾아야 한다.**

그것이 바로 긱 경제가 앞으로 가야하는 방향성이다.

　긱 경제에 참여하려할 땐 올바른 시장을 선택하는 것이 가장 중요하다. 1990년대 말 인터넷 시대 투자 지침서로 유명한 제프리 무어의 「고릴라 게임」에서는 '고릴라'로 칭하는 성장주를 보는 안목을 잘 알려주고 있다. 이 책이 출시될 당시 인터넷이라는 기술도 수많은 투자자들에게 불신과 의심을 낳는 존재에 불과했다. 지금이야 인터넷을 중심으로 사회경제 전반이 움직인다고 생각하면 참으로 우스운 노릇이다. 그러나 사실 이처럼 시장을 보는 안목은 현실에서는 까막눈일 수밖에 없다. 그래서 우리는 금융 투자의 역사와 흐름에 관심을 가지고 지켜봐야 한다.

　문명의 발전을 '도전과 응전'의 원리로 본 토인비 박사의 역사관을 대입하면, 인간은 또 다른 도전에 직면해있고 도전을 통해 얻는 응전은 인간에게 이로운 움직임이 된다. 14종족의 호모 사피엔스(Homo sapiens) 중에서 현상 인류만 살아남은 이유도 커다란 변화의 변곡점에서 적응한 까닭에서다. 이러한 적응력이 인간의 지위를 확보하는데 기여한 것은 분명하다. 하지만 오늘날 다가오는 변화들은 이제껏 인간이 경험한 변화와 다르다. 그것은 지극히 단절적이면서 그정도 또한 매우 크다. 이러한 크고 새로운 움직임을 받아들이고 평가할 수 있는 통찰력이 절실히 필요한 때이다. 과거를 통해 현재를 진단하고, 현재의 이슈를 분석해서 미래를 예측해야하는 것이다. 고릴라를 찾는 핵심은 쓰임새가 명확하고 향후 확대 가능성이 있는 아이템이어야 한다. 초 연결 사회에서는 어떤 주제도 독자적으로 생존하기 어렵다. 협업과 공유, 투명성을 통한 교류만이 경쟁력을 키우고 지속적인 성장을 이끌어간다. 이러한 토대를 주는 것이 바로 블록체인 구조이다.

블록체인은 모든 산업과 접목되어 새로운 비즈니스 모델로 재해석되고 있다. 이제는 수많은 참여자가 블록체인 플랫폼 안에서 직·간접적으로 크고 작은 활동들을 진행하고 있다. 이러한 네트워크 속에서 단순한 주주 자본주의로는 더 이상 조직을 운영할 수 없다. 플랫폼 기업의 자산 독식과 프라이버시 침해가 세계적인 우려를 낳는 이때에 디지털 자산의 등장은 새로운 해법을 제공한다. 기업들은 디지털 자산을 통해 플랫폼의 편리성을 도모하고 데이터의 프라이버시를 보호하며, 보상을 통해 생산자와 소비자의 참여를 독려하고 있다. 이를 통해 플랫폼은 앞으로 더 오래 생존 가능성을 모색하고 있는 것이다. 이런 측면에서 보면 긱 이코노미에 블록체인과 암호 자산은 확실한 고릴라라 할 수 있다.

블록체인 덕분에 플랫폼은 우리에게도 새로운 가치를 경험할 수 있게 해준다. 사용자들에게 스스로를 위해 행복한 삶을 설계하는 방법을 일깨워주고 있기 때문이다. 예컨대 플랫폼 노동의 공정한 수익 배분은 물론 부를 창출할 수 있는 기회의 창을 열어주고 있는 것이다. 이미 수백억을 투자해서 키우고 있는 회사들에 투자할 수 있는 기회도 제공된다. 또한 젊은 사업가들이 물건을 판매하고 정기적인 수익을 창출할 수 있는 플랫폼 시장도 만들어준다. **플랫폼 사업은 이제 거대 기업만의 독식이 되어서는 안 된다. 개인도 참여할 수 있게 문을 열**

어두고 독려할 수 있는 형태로 진화되어야 한다. 그것이 긱 이코노미가 추구하는 경험적 가치이며, Co gig worker가 될 수 있는 방법이다.

부를 창출하는 것은 단순히 고기를 잡는 방법이라 말하기에는 부족하다. 그것은 물고기를 키워 스스로 번식하게 하는 방법을 터득하게 한다는 것이 맞다. 즉, 어장을 만들어주고 풀어둔 물고기가 번식을 거듭하며 수확의 기쁨을 만끽하는 것이 진정한 '부'라 할 수 있다. 부는 투자나 자본이 없이도 만들어지며, 적은 돈으로도 이뤄낼 수 있다. 워렌 버핏은 신문배달로 모은 돈으로 지금의 부를 창출했다. 따라서 중요한 것은 내가 얼마나 가졌느냐가 아니라 지금 우리가 보고 있는 현상이다. 이는 즉, 플랫폼과 암호자산이 어장이며 물고기임을 보여주고 있다.

현상을 파악하면 그 다음은 행동이다. 우리는 많은 이들의 눈을 통해 고릴라를 찾았고, 어장과 물고기를 확인했다. 블록체인과 플랫폼, 암호자산은 완벽한 삼각추를 만들며 경제 전반을 흔들고 있다. 이제 그 안에 어떻게 뛰어들 것이냐에 따라 우리의 정체성(내적 재화)이 결정되는 때이다. 남들보다 일찍 뛰어들면 더 많은 번식과 수확을 기대해볼 수 있다. 그것이 바로 부를 창출하는 지름길이다.

물론 선택은 각자의 몫이다. 그러나 반드시 명심해야 할 것은 **블록체인 플랫폼과 암호자산은 정치, 경제, 사회의 혁명적 움직임이라는 점이**다. 이러한 미래의 단서가 누군가의 삶을 좀 더 가치 있게 만드는 계기가 되었으면 한다.

추천의 글

Andrew Stuber
HWH WORLD
HEAD, ASIA PACIFIC

HWH World에서 추구하는 Co gig(Corporation gigworker)은
특별한 사람이 아닌 누구에게나 적용되는
인간의 가장 자연스러운 리액션을 비즈니스로 만든 전세계 최초
THE ULTIMATE GIG PLATFORM (최고의 긱 이코노미 플랫폼)으로
New Blue Ocean이 될 것이다.

코로나바이러스-19(COVID-19) 감염증이 온 세상을 흔들어 놓고 있다. 국가 및 도시 간 이동이 제한되고 생산과 물류, 소비가 모두 멈춰 서거나 급격히 줄어들면서 세계경제는 이제까지 경험하지 못했던 충격을 받고 있다. 전혀 예상치 못한 새로운 상황에 직면하는 Black Swan인 코로나바이러스-19는 인류의 생활에 어떠한 영향을 미칠까? 장기화될 경우 경제는 어떤 모습으로 다시 우리에게 나타날까? 그 과정에서 직업은 어떻게 변할까?

　　Untact(비대면) 증가 현상은 그와 같은 크기와 속도에 비례하여 Digitact 현상을 동반하면서 4차 산업혁명을 통해 예측되었던 향후 10년간의 메커니즘의 변화를 2년 이내로 압축 가속화 시키는 모습을 보여주고 있다. 그 속도에 인간의 적응 속도가 미처 따라가지 못하는 상황이다. 이러한 상황에 답을 주는 책 긱 레볼루션(Gig Revolution)이 세상에 나왔다. 저자인 김승래, 이용갑 소장은 세상을 보는 감각이 남달라 보인다. 각기 4차 산업혁명과 블록체인, 디지털 자산과 관련된 강의를 수 백 회씩 진행한 경험과 지식을 바탕으로, 블록체인이 바꿀 미래에 눈을 뜨고 '메커니즘에 종속되고 의지하는 인간이 아닌 인간을 위한 새로운 메커니즘 생태계 조성'을 강조해 왔다.

　　특히 Digitact 현상의 급격한 증가는 세상이 돌아가는 규칙 특히 직업의 세계에 가장 큰 영향을 주기 시작했는데 이는 Gig Economy가 가져다 주는 자연스러운 현상이다. 이러한 변화는 우리가 직업에 대한 패러다임의 절대적인 전환이 필요함을 알려주는 신호일 수도 있다. 그것은 내 스스로 '고용보장 보다 소득 보장이 되는 일'을 찾거나 역량을 갖추는 일이다.

　　앞으로 소셜미디어 활용능력은 '골드 긱 워커'가 되는 필요충분 조건이 될 것이다. 본인만의 플랫폼을 구축하는데 유리하며 온라인 네트워크를 통한 자산의 증식을 가능하게 해 줄 것이다. 디지털 플랫폼을 활용한 예측되지 않았던 많은 맞춤형 직업의 등장이 예고되고 있다. 이는 New Blue Ocean이 될 것이고 곧 그런 플랫폼이 우리 앞에 등장할 것이다. 그 시기는 우리가 생각한 것보다 더 빠르고 조직적일 수 있다. 그러한 긱 워커의 현실이 다가오는 지금 우리는 무엇을 해야 하는가? 그에 대한 답을 이 책에서 찾아보기 바란다.

Andrew Stuber
ANDREW STUBER

HWHworld.com

※ 참고문헌

1장

1. 다보스포럼의 〈직업의 미래〉
2. 매경출판 2017.11.30 / MBN일자리보고서팀, 최은수 집필 보고서
3. 국제노동기구(ILO)가 최근 다보스포럼에서 발표한 연례 실업 보고서
4. 다이앤 멀케이 著, 이지민 역, 긱 이코노미(정규직의 종말, 자기 고용의 10가지 원칙_더난 출판사)
5. 서울산업 진흥원, 플랫폼의 역사, IT시대에 자영업자 늘었다.2019.12.30.
6. 「공유경제」, 마회팅, 장샤오룽 공저, 양성희 번역, 열린책들 출판사, 2018.1.20.
7. 「유령 노동(Ghost Work)」, 메리 그레이와 싯다르트 수리 공저
8. 한국 노동연구원 보고서
9. 「고미숙의 몸과 인문학」(동의보감의 눈으로 세상을 보다) , 고미숙 저, 북드라망, 2013.01.28.
10. James Manyika, Susan Lund, Jacques Bughin, Kelsey Robinson, Jan Mischke, and Deepa Mahajan, "Independent work: Choice, necessity, and the gig economy", McKinsey Global Institute Report(October 2016), https://www.mckinsey.com/~/media/McKinsey/Featured%20Insights/Employment%20and%20Growth/Independent%20work%20Choice%20necessity%20and%20the%20gig%20economy/Independent-Work-Choice-necessity-and-the-gig-economy-Executive-Summary.ashx
11. 글로벌 회계법인 프라이스워터하우스쿠퍼스(PwC)의 「노동의 미래(future of work: jouney to 2020)」 보고서
12. 「질병이 바꾼 세계의 역사」로날드.D. 게르슈테 지음, 강희진 옮김, 미래의 창, 2020.03.16.
13. Melendez, Steven. How Uber Conquered the World in 2013. Fast Company, January 3, 2014. http://www.fastcompany.com/3024236/how-uber-conquered-

the-world-in-2013.

14. recode, by Rani Molla, American consumers spent more on Airbnb than on Hilton last year(Mar 25, 2019). https://www.vox.com/2019/3/25/18276296/airbnb-hotels-hilton-marriott-us-spending.
15. 영국의 온 디맨드 서비스 경제에서의 긱 근로자, 국제노동브리프(2016년 11월호 PP.43~55), 한국노동연구원. 이유나(영국 맨체스터대학교 개발정책 및 경영학 박사과정)
16. Pots of gold await in China's gig economy: how mobile technology is transforming the world's biggest jobs market,
https://www.scmp.com/tech/china-tech/article/2073048/pots-gold-chinas-gig-economy
17. The Asean Post, Philippines' fast-growing gig economy, Liyana Hasnan, 9 October 2019.
https://theaseanpost.com/article/philippines-fast-growing-gig-economy
18. HR in Asia, Singapore's Rising Gig Economy Presents New Workforce Challenges, February 28, 2017.https://www.hrinasia.com/news/singapores-rising-gig-economy-presents-new-workforce-challenges
19. 조선일보, http://economy.chosun.com/client/news/view.php?boardName=C03&page=1&t_num=13606555:

2장

1. 경기연구원(GRI), 경기도형 노동회의소 설립방향에 대한 연구, 민병길(상생경제연구실연구위원). https://blog.naver.com/gri_blog/221448865017
2. SPRi(2015.4) 2014년 한국 SW개발자 현황, 총 184명 조사
https://spri.kr/posts/view/6306?code=column
3. STEPI 아웃룩(Outlook)2020, 과학기술정책연구원. http://www.stepi.re.kr/app/report/view.jsp?cmsCd=CM0015&categCd=A0204&ntNo=26
4. 「긱 워커로 사는 법」(원하는 만큼 일하고 꿈꾸는 대로 산다), 토머스 오퐁, 미래의창

(2019.05.10)

5. 국제노동규약(ILO) '플랫폼노동(Platform work)의 정의'(ILO, 2018; OECD, 2019).
6. 교육부 '2019년 초 · 중등 진로교육 현황조사', 진료교육정책과.
   https://www.moe.go.kr/boardCnts/view.do?boardID=294&boardSeq=79266&lev=0&m=02
7. 한국전파진흥협회 '국내외 산업동향 MCN 및 기업실태 조사 보고서(2017년)'
8. 중앙일보, [J report] EU, 우버를 택시로 판정 … 역풍 맞은 '긱 이코노미', 2017.12.22
9. The Asean Post, Philippines' fast-growing gig economy, Liyana Hasnan, 9 October 2019.
   https://theaseanpost.com/article/philippines-fast-growing-gig-economy
10. 보스턴컨설팅그룹(BCG)「새로운 프리랜서들! 긱 이코노미에서 재능 활용하기」보고서
11. 「수축사회」(성장 신화를 버려야 미래가 보인다), 홍성국 저, 메디치미디어, 2018.12.10.
12. 일의 미래: 긱 경제와 그 한계, 피터 워드, 아산정책연구원

3장

1. 조선일보, "앞으로 10년간 전 세계 대학 절반이 사라질 것", 덴버-박순찬 특파원, 2020.01.20
   http://news.chosun.com/site/data/html_dir/2020/01/20/2020012000113.html
2. 제너럴 캐털리스트 파트너스 '헤먼트 타네자'와 뉴스위크의 칼럼니스트 '케빈 매이니'가 공동집필한 3.「언스케일: 앞으로 100년을 지배할 탈규모의 경제학」, 헤먼트 타네자, 케빈 매이니 공저, 출판 청림, 2019.10.17
4. HolloDD, 제조업 넘어 플랫폼으로 …"전 산업 데이터 · AI 접목해야", 홍성택, 2020.01.30
   https://hellodd.com/?md=news&mt=view&pid=70924
5. GRI경기연구원, 사회 이슈: 알바천국, '긱노동(Gig work)'의 부상과 과제, 문미

성 선임연구위원(상생경제연구실)

6. 월간 CHIEF EXECUTIVE Special Report '[신(新)노동경제, 긱 이코노미]긱 이코노미 시대 어떻게 대응할 것인가', Vol.200 (2019년 7월호)http://www.chiefexe.com/news/ArticleView.asp?listid=5
7. 「투명사회」, 한병철(대학교수) 저, 김태환(대학교수) 역, 문학과지성사, 2014.03.11.
8. 콘텐츠 플랫폼의 수익모델 혁신 전략에 대한 고찰. 최광헌, 김준익. (2017). 한국디지털콘텐츠학회 논문지, 18(7), 1267-1280.
9. 「성장과 이익」, 발라 차크라바시, 피터 로란게 저, 윤규상 역, 비즈니스맵, 2008.09.03.
10. 서울경제, [신년기획 인터뷰] "AI 시대 걸맞은 통합 프로젝트 가르쳐야", 김영필 기자, 2020-01-20
    https://www.sedaily.com/NewsView/1YXPZCSNSN
11. 한국정보화진흥원(NIA)는 '2020년 ICT 이슈와 9대 트렌드 전망'
12. 「유엔 미래보고서 2050」, 박영숙(사회기관단체인), 제롬 글렌(국제기관단체인) 저, 교보문고, 2016.01.28
13. Gartner(2018), Digital Disruption Profile: Blockchain's Radical Promise Spans Business and Society.
14. 정보통신산업진흥원, 이슈리포트 2019-38호 '블록체인 산업 현황 및 국외 정책 동향'. 정기수 수석, 김대원 수석, SW산업본부 블록체인산업팀.
15. 「아이디어가 자본을 이긴다」, 권터 팔틴(Gunter Flatin) 저, 한겨레출판, 2015.05.28
16. 한국금융투자자보호재단, 'WEF, 새로운 세대를 위한 4가지 핵심 금융 서비스', 2019.
17. 「비트코인 제국주의」, 한중섭, 스리체어스, 2019.07.08.

4장

1. 포브스, '암호화폐법 2020(Crypto-Currency Act of 2020)' 법안. 출처:https://bi.city/

s/kePts

2. 「사피엔스」, (유인원에서 사이보그까지, 인간 역사의 대담하고 위대한 질문), 유발 하라리 저, 조현욱(신문인) 역, 김영사, 2015.11.24
3. CoinReaders, '마이크로소프트, 손쉽게 토큰 생성 가능한 '애저 블록체인 토큰' 플랫폼 출시', 박소현,http://m.coinreaders.com/5878
4. 「공산당 선언」, 카를 마르크스, 프리드리히 엥겔스 저, 이진우 역, 책세상, 2018.06.20.
5. IBM, Transform Cross-border payments with IBM Blockchain World Wire. https://www.ibm.com/blockchain/solutions/world-wire
6. 국제통화기금(IMF)은 「디지털 화폐의 부상」보고서
7. 「뉴파워:새로운 권력의 탄생」, 제러미 하이먼즈, 헨리 팀스 저, 비즈니스북스, 2019.01.30
8. Libra Association Members, 'Libra's mission is to enable a simple global currency and financial infrastructure that empowers billions of people, 2019.
9. 「군주론」마키아벨리(정치인) 저, 강정인(대학교수) 외 1명 역, 까치, 2015.02.10
10. 「백만장자와 함께한 배낭여행」, 박성득, 강호 저, 큐리어스(Qrious), 2017.11.10
11. 「새로운 부의 탄생」(미래 시장의 재편과 권력의 이동), 모하메드 엘 에리언(금융인) 저, 손민중 역, 한국경제신문사, 2009.01.15
12. 「노동에 대한 새로운 철학」, 토마스 바셰크 저, 이재영 역, 열림원, 2014.08.25